FORSCHUNGSBERICHT D

Nr. 2533/Fachgruppe Wirtsch

Herausgegeben im Auftrag
vom Minister für Wissensc... ... ...rschung Johannes Rau

Dipl. -Kfm. Peter Görler

Forschungsstelle für allgemeine und textile Marktwirtschaft
an der Universität Münster
Direktor: Prof. Dr. Ernst Helmstädter

Konzentration und Kooperation in der Textilwirtschaft der BRD

Springer Fachmedien Wiesbaden GmbH 1976

Ursprünglich erschienen bei Westdeutscher Verlag GmbH, Opladen 1976

ISBN 978-3-531-02533-9 ISBN 978-3-322-88565-4 (eBook)
DOI 10.1007/978-3-322-88565-4

V O R W O R T

In der Textilwirtschaft der BRD zeichnet sich seit Jahren ein Konzentrationsprozeß ab. Betroffen davon sind vor allem die kleineren und mittleren Unternehmen dieses Wirtschaftszweiges.

Die vorliegende Arbeit macht es sich zur Aufgabe, das Ausmaß und die Hintergründe dieses Prozesses zu untersuchen. Es zeigt sich, daß die Intensität des Konzentrationsprozesses seit 197o merklich abgenommen hat und daß für die Unternehmen der Textilwirtschaft der BRD die Kooperation eine wichtige Alternative darstellt. Die ökonomischen Konsequenzen, die sich aus einer Kooperation für die beteiligten Unternehmen ergeben, bilden das Hauptziel der weiteren Untersuchung.

Dem Verfasser gelingt es, quantitative Angaben über die bisher praktizierten Formen der Kooperation in der Textilwirtschaft der BRD zu machen und aufzuzeigen, in welchen Formen die Kooperation in diesem Wirtschaftszweig besonders sinnvoll ist. Darüber hinaus werden an Hand von Fallstudien und einer Befragung von Unternehmen der Textil- und Bekleidungsindustrie die Haptprobleme bei der Durchführung eines konkreten Kooperationsprojektes in der Praxis aufgezeigt.

(Prof. Dr. Ernst Helmstädter)

Inhaltsverzeichnis

Seite

Verzeichnis der Abbildungen

Verzeichnis der Übersichten

Verzeichnis der Tabellen im Anhang

1 Einleitung

1.1 Problemstellung

Eine größere Verbreitung in der Bundesrepublik Deutschland findet der Kooperationsgedanke seit Beginn der sechziger Jahre. Während noch 1958 bei Inkrafttreten des Gesetzes gegen Wettbewerbsbeschränkungen lediglich einige Rationalisierungkartelle die Billigung des Gesetzgebers fanden,[1] wurde bereits 1963 die Förderung der Kooperation zu einem Programmpunkt der Bundesregierung erhoben[2]. Im selben Jahr veröffentlichte auch das Bundeswirtschaftsministerium eine Zusammenstellung über Möglichkeiten der Kooperation, die unter dem Namen Kooperationsfibel allgemein bekannt wurde.[3] Einige Jahre später folgte eine ähnliche Veröffentlichung durch die EWG-Kommission in Brüssel.[4]

Weitere Impulse ergaben sich aus der Öffentlichkeitsarbeit des Bundesverbandes der Deutschen Industrie (BDI) und des Rationalisierungs-Kuratoriums der Deutschen Wirtschaft (RKW).[5] Auch von den Unternehmen der Textilwirtschaft der BRD wurde die Idee der Kooperation, wie wir im weiteren Verlauf unserer Untersuchung sehen werden, in zunehmendem Maße aufgenommen.

Im Bereich der wirtschaftswissenschaftlichen Literatur gibt es eine Fülle von Veröffentlichungen über das Thema Kooperation.[6] Allerdings ist der überwiegende Teil dieser Abhandlungen theoretischer Art. Empirische Untersuchungen über diesen Problemkreis für die Textilwirtschaft der BRD fehlen dagegen weitgehend. Bisher kann lediglich auf die Arbeiten von Criegee[7] und Inderfurth[8] zurückgegriffen werden, die sich mit der speziellen Sparte der Baumwollindustrie befassen. Ferner hat Fischer[9] die Möglichkeiten der Kooperation in der schweizerischen Textilwirtschaft untersucht. Die vorliegende Arbeit macht es sich zur Aufgabe, die praktischen Probleme der Kooperation für die Unternehmen der Textilwirtschaft der BRD zu analysieren.

Aus dieser Problemstellung ergeben sich die wichtigsten Schritte dieser Untersuchung. Im Vordergrund stehen die ökonomischen Konsequenzen, die sich aus einer Kooperation für die beteiligten Unternehmen ergeben. Es muß auf den Konzentrationsprozeß in der Textilwirtschaft der BRD und auf die strukturellen Veränderungen, die hinter diesem Prozeß stehen, eingegangen werden und überprüft werden, inwieweit sich ein Unternehmen durch die Kooperation mit anderen Unternehmen diesen Veränderungen anzupassen vermag.

Darüber hinaus muß untersucht werden, wie eine Kooperation durchzuführen ist, wenn sie für die beteiligten Unternehmen den gewünschten Erfolg bringen soll. Es ist zu überprüfen, welche Kooperationsformen für die Unternehmen der Textilwirtschaft der BRD unter welchen Bedingungen sinnvoll sind. Ferner ist festzustellen, wo die Hauptschwierigkeiten bei der Realisierung eines Kooperationsvorhabens in der Praxis liegen und wie diese gelöst werden können.

1.2 Gang der Untersuchung

Den Ausgangspunkt der Untersuchung bilden im zweiten Kapitel Definitionen und Abgrenzungen der zu verwendenden Begriffe. Hier ist der Begriff der Kooperation zu definieren und gegenüber den Begriffen des Kartells und der Konzentration abzugrenzen.

Im dritten Kapitel werden wir auf den Konzentrationsprozeß in der Textilwirtschaft der BRD näher eingehen. Dabei ist im einzelnen zu analysieren, wie sich die Umsatzgrößenstruktur der Unternehmen der Textilindustrie seit Beginn der sechziger Jahre verändert hat und wie sich die Unternehmensgruppen innerhalb dieses Industriezweiges seit dieser Zeit entwickelt haben.

Im vierten Kapitel gilt es, die Kooperation als unternehmenspolitische Alternative vor dem Hintergrund des Konzentrationsprozesses in der Textilwirtschaft der BRD zu untersuchen. Es ist zu überprüfen, welche Vorteile die Kooperation für die Unternehmen der Textilwirtschaft bringen kann. Darüber hinaus ist aufzuzeigen, in welcher Form die Unternehmen bisher von der Möglichkeit der Zusammenarbeit Gebrauch gemacht haben. Auf Grund des Mangels an statistischem Material werden wir eine Reihe repräsentativer Kooperationsfälle auf den einzelnen Stufen der Textilwirtschaft der BRD seit Beginn der sechziger Jahre zu erfassen suchen. Die Analyse erstreckt sich auf die Stufen der Textilindustrie, der Bekleidungsindustrie, des Textilhandels und der Chemiefaserindustrie.

Die Darstellung mehrerer Fallstudien aus der Textilindustrie und der Bekleidungsindustrie ist ein weiterer Punkt unserer Untersuchung. Im einzelnen werden Kooperationen aus der Auftragsveredlungsindustrie im Bereich der Forschung und Entwicklung, aus der Tuch- und Kleiderstoffindustrie im Bereich der Werbung, aus der Herrenoberbekleidungsindustrie im Bereich des Exports sowie aus der Maschenindustrie im Bereich der Produktion behandelt. An Hand dieser Fallstudien sollen der Ablauf eines Kooperationsvorhabens in der Praxis dargestellt und die ökonomischen Konsequenzen für die beteiligten Unternehmen aufgezeigt werden.

Abschließend werden wir uns mit den Ergebnissen einer Befragung von Unternehmen der Textilindustrie und der Bekleidungsindustrie befassen. Themen dieser Befragung sind u.a. die Einstellung der Unternehmen zur Kooperation, ihre Einschätzung der Vor- und Nachteile sowie ihre Beurteilung der Hauptschwierigkeiten bei der Durchführung in der Praxis.

1.3 Ergebnisse der Untersuchung

In der Textilwirtschaft der BRD zeichnet sich seit Jahren ein Konzentrationsprozeß ab. So nimmt beispielsweise in der Textilindustrie der Anteil der größeren Unternehmen Jahr für Jahr zu. Lag der Anteil der Unternehmensgruppen mit mehr als 1oo Millionen Jahresumsatz 1962 noch bei 17 % des Gesamtumsatzes der Textilindustrie, so machte er 1973 bereits 4o % dieses Industriezweiges aus. Allerdings hat sich die umsatzmäßige Ausweitung dieser Unternehmensgruppen seit 197o wesentlich verlangsamt und es ist anzunehmen, daß auch in den nächsten Jahren der Konzentrationsprozeß nur langsam fortschreiten wird. Das bedeutet, die typisch mittelständischen Unternehmen werden nach wie vor bestehen und in der Textilwirtschaft der BRD eine wichtige Rolle spielen.

Allerdings ist es für diese mittelständischen Unternehmen wichtig, Maßnahmen zu ergreifen, um angesichts der strukturellen Veränderungen, die hinter den Konzentrationsprozeß stehen, die Konkurrenzfähigkeit ihrer Betriebe aufrechtzuerhalten. Insbesondere gilt es mit der Zunahme des internationalen Wettbewerbs und dem Aufkommen neuer Produktionstechniken Schritt zu halten. Hier bietet die Kooperation eine dreifache Chance. Sie kann dazu dienen, die Produktivität der beteiligten Unternehmen zu steigern, ihre Marktstellung auf den Beschaffungs- und Absatzmärkten zu stärken und ihren technischen und ökonomischen Wissensstand zu verbessern.

Es zeigt sich, daß die Unternehmen auf den einzelnen Stufen der Textilwirtschaft von dieser Möglichkeit bisher in unterschiedlichem Maße Gebrauch gemacht haben. Rechnet man zur Kooperation bereits die relativ losen Formen der Zusammenarbeit, wie beispielsweise den Erfahrungsaustausch, so sind in der Textilindustrie zur Zeit etwa 45 bis 5o % der Unternehmen an Kooperationsvorhaben beteiligt. Der entsprechende Anteil der Unternehmen aus der Bekleidungsindustrie liegt bei 35 bis 4o %. Für die Stufe des Handels kann man davon ausgehen, daß etwa 8o bis 9o % der Unternehmen Mitglieder einer Kooperation sind. Ein ähnlicher Wert ergibt sich für die Chemiefaserindustrie.

Hinsichtlich der Form der praktizierten Kooperationen seit Beginn der sechziger Jahre läßt sich feststellen, daß der bei weitem überwiegende Teil der Unternehmen der Textilwirtschaft der BRD in horizontaler Richtung zusammenarbeitet. Dabei zeichnen sich als wichtigste Kooperationsbereiche die Funktionen der Fertigung und des Absatzes ab. Ferner findet der weitaus größte Teil der Kooperationen auf der Grundlage vertraglicher Vereinbarungen statt. Nur in einem geringen Teil der Fälle dienen neugegründete Wirtschaftseinheiten als Basis für die Zusammenarbeit. Darüber hinaus läßt sich feststellen, daß der bei weitem größte Teil der Kooperationsvorhaben innerhalb einer kleinen Gruppe von beteiligten Unternehmen durchgeführt wird. Dabei sind bei mehr als einem Drittel der Fälle neben deutschen auch ausländische Unternehmen beteiligt.

Eine der Hauptschwierigkeiten bei der Durchführung einer Kooperation liegt in der Suche geeigneter Partner. So hält der überwiegende Teil der befragten Unternehmen aus der Textilindustrie und der Bekleidungsindustrie eine Kooperation zwar für ein sinnvolles Vorgehen, geht aber zugleich davon aus, daß es sehr schwierig ist, einen kooperationsbereiten Partner zu finden. Eine Lösung dieses Problems liegt in der Hinzuziehung neutraler Institutionen, wie z.B. Handelskammern und Verbänden, bei der Vermittlung potentieller Kooperationspartner.

2 Definitionen und Abgrenzungen

2.1 Der Begriff der Kooperation

Kooperation bedeutet die Zusammenarbeit zwischen Wirtschaftseinheiten durch abgestimmte Verhaltensweisen.

In jeder arbeitsteiligen Wirtschaft arbeiten zahllose Wirtschaftseinheiten durch die Koordination des Marktmechanismusses indirekt miteinander zusammen. Es ist wenig sinnvoll, in all diesen Fällen unbewußter Zusammenarbeit von Kooperation zu sprechen. Deshalb wollen wir in die Untersuchung nur die Form der direkten Zusammenarbeit einbeziehen. Dieser Aspekt wird auch von Boettcher hervorgehoben. Er bezeichnet Kooperation als "das bewußte Handeln von Wirtschaftseinheiten ... auf einen gemeinsamen Zweck hin, wobei die Einzelaktivitäten der Beteiligten durch Verhandlung und Abmachungen koordiniert werden."[10]

Diese Definition ist in einigen Punkten noch weiter zu präzisieren. So ist einmal hervorzuheben, daß es sich bei den Trägern der Kooperation um wirtschaftlich selbständige Unternehmen handeln muß. Dieser Aspekt wird vor allem von Sölter[11] erwähnt und bildet ein wichtiges Kriterium für die Abgrenzung der Kooperation zu den Erscheinungsformen der Konzentration. Zum anderen ist erforderlich, daß die Wirtschaftseinheiten den für wirtschaftliche Zusammenarbeit vom Staat gesetzten Rahmen einhalten. Dieser Gesichtspunkt wird von Aschoff[12] angeführt und bildet ein wichtiges Unterscheidungsmerkmal der Kooperation gegenüber dem Begriff des Kartells.

2.2 Abgrenzung der Kooperation gegenüber dem Kartell

Der Begriff des Kartells ist im Gesetz gegen Wettbewerbsbeschränkungen (GWB) der Bundesrepublik Deutschland festgelegt. Nach § 1 GWB beruht das Kartell auf einem Vertrag, der zwischen Unternehmen oder Vereinigungen von Unternehmen zu einem gemeinsamen Zweck geschlossen wird und geeignet ist, "die Erzeugung oder die Marktverhältnisse für den Verkehr mit Waren oder gewerblichen Leistungen durch Beschränkung des Wettbewerbs zu beeinflussen"[13].

Derartige Verträge stellen aus wettbewerbspolitischer Sicht eine nicht zu billigende Form der Zusammenarbeit dar und sind gemäß § 1 Abs. 1 GWB unwirksam. Der Begriff der Kooperation bezeichnet dagegen eine aus wettbewerbspolitischer Sicht unbedenkliche Form der Zusammenarbeit von Unternehmen, die sich innerhalb des staatlich gesetzten Rahmens bewegt.

Berücksichtigt man, daß teils durch die Begrenzung des oben erwähnten Kartellverbots im Rahmen der neueren wettbewerbspolitischen Diskussion, teils durch die Möglichkeit der behördlichen Zulassung bestimmte Kartellformen dennoch ihre Billigung durch den Gesetzgeber finden, so ergeben sich hier Überschneidungen zwischen Kartellbegriff und Kooperationsbegriff.[14] Denn die gesetzlich erlaubten Kartellformen genügen auch den von uns entwickelten Kriterien der Kooperation. Das bedeutet, daß in all diesen Fällen Kartelle mögliche Formen der Kooperation darstellen.

Im einzelnen sind zu nennen die Konditionenkartelle (§ 2 GWB), die Rabattkartelle (§ 3 GWB) sowie die Normen- und Typenkartelle (§ 5 Abs. 1 GWB) als anmeldungspflichtige Kartellformen, ferner die Spezialisierungskartelle (§ 5 a GWB), die ebenfalls der Anmeldung bedürfen und gegen die von Seiten der Kartellbehörde innerhalb einer bestimmten Frist Widerspruch eingelegt werden kann; schließlich die Strukturkrisenkartelle (§ 4 GWB) sowie die Rationalisierungskartelle und Syndikate (§ 5 Abs. 2 und 3 GWB), die erst durch die Kartellbehörden genehmigt werden müssen.[15]

2.3 Abgrenzung der Kooperation gegenüber der Konzentration

Eines der wesentlichsten Merkmale der Konzentration durch Fusion oder Konzernbildung ist die Aufgabe der wirtschaftlichen Selbständigkeit der beteiligten Unternehmen.

Wird z.B. ein Unternehmen im Wege der Fusion von einem anderen Unternehmen übernommen, so verliert es seine wirtschaftliche Selbständigkeit und wird einer neuen Unternehmensleitung unterstellt. Ähnlich liegen die Verhältnisse beim Zusammenschluß einzelner Unternehmen zu einem Konzern. Hier bleibt zwar die rechtliche Selbständigkeit der Firmen erhalten, doch die wirtschaftliche Selbständigkeit wird eingebüßt. Auch hier werden die einzelnen Unternehmen einer einheitlichen Unternehmensleitung untergeordnet.[16]

Vergleicht man diese Formen der Konzentration mit der von uns definierten Form der Kooperation, so zeichnet sich vor allem ein wichtiger Unterschied ab. Bei allen Formen der Kooperation ist die rechtliche und vor allem die wirtschaftliche Selbständigkeit der beteiligten Unternehmen weitgehend gewährleitet, während bei der Konzentration die Entscheidungsfreiheit der einzelnen Unternehmen stark beeinträchtigt wird.[17]

Das häufig angeführte Kriterium der kapitalmäßigen Verflechtung ist dagegen kein hinreichendes Unterscheidungsmerkmal zwischen Kooperation und Konzentration. Hier ist einmal zu beachten, daß eine Konzentration auch ohne das Mittel der Kapitalverbindung, z.B. durch die vertragliche Unterstellung von Unternehmen unter ein gemeinsames Leitungsorgan erreicht werden kann.[18] Zum anderen kann im Falle einer kapitalmäßigen Verflechtung durchaus von einer Kooperation gesprochen werden, solange die Höhe der Beteiligungen nicht ausreicht, um bei einem der Unternehmen die Herrschaft über die übrigen zu begründen.[19]

3 Der Konzentrationsprozeß in der Textilwirtschaft der BRD

3.1 Vorbemerkung

Um den Konzentrationsprozeß in der Textilwirtschaft der BRD besser erfassen zu können, soll zunächst auf die strukturellen Veränderungen innerhalb dieses Wirtschaftszweiges eingegangen werden, die seit Beginn der fünfziger Jahre aufgetreten sind und letztlich hinter dem eigentlichen Konzentrationsprozeß stehen. In einem weiteren Schritt wird dann untersucht, wie sich die Umsatzgrößenstruktur der Unternehmen der Textilindustrie der BRD seit Beginn der sechziger Jahre verändert hat und wie sich die Unternehmensgruppen innerhalb dieses Industriezweiges seit dieser Zeit entwickelt haben.

3.2 Strukturelle Veränderungen in der Textilwirtschaft der BRD

3.2.1 Vorbemerkung

Versucht man die wichtigsten strukturellen Veränderungen in der Textilwirtschaft der BRD seit Beginn der fünfziger Jahre zu skizzieren, so lassen sich vor allem zwei Vorgänge herausstellen:

- Die Zunahme des internationalen Wettbewerbs und
- das Aufkommen neuer Produktionstechniken.

3.2.2 Die Zunahme des internationalen Wettbewerbs

Für die Zunahme des internationalen Wettbewerbs sind vor allem zwei Faktoren verantwortlich:

- Der Aufbau von Textilunternehmen außerhalb der westlichen Industrieländer und
- die zunehmende Integration zwischen den westlichen Industrieländern.

Die Gründung von Textilunternehmen außerhalb der westlichen Industrieländer seit Ende des zweiten Weltkriegs hat für die Unternehmen der Textilwirtschaft der BRD mehr und mehr zu einem Verlust ehemals wichtiger Exportmärkte geführt. So ist mittlerweile ein großer Teil der Entwicklungsländer bzw. der ehemaligen Entwicklungsländer in Südamerika, Afrika und Ostasien in der Lage, seinen Bedarf an textilen Produkten auf Grund eigener Fertigungskapazitäten zu decken.[2o]

Darüber hinaus müssen die westlichen Industrieländer noch weitere Absatzeinbußen hinnehmen, da seit Beginn der sechziger Jahre vor allem die Niedrigpreisländer Ostasiens in erhöhtem Maße auf dem westeuropäischen Markt als Anbieter von textilen Produkten auftreten. Hinzu kommt die steigende Importkonkurrenz von Seiten der Staatshandelsländer des Ostblocks.[21]

Darüber hinaus ist der internationale Wettbewerb beim Handel mit Textilien seit Ende des zweiten Weltkrieges durch den Abbau von Handelshemmnissen wesentlich begünstigt worden. Insbesondere zwischen den westlichen Industrieländern wurden die mengenmäßigen Einfuhrbeschränkungen weitgehend abgebaut und die Zölle reduziert. Dies gilt vor allem für den Handel innerhalb der Europäischen Gemeinschaft (EG) und der Europäischen Freihandelszone (EFTA).[22]

Für die Unternehmen der Textilwirtschaft stellen sich auf Grund dieser Entwicklungen vor allem zwei Aufgaben:

Einmal gilt es, der zunehmenden Importkonkurrenz aus den Niedrigpreis- und Staatshandelsländern entgegenzutreten. Dies kann durch Verbesserung des Qualitätsniveaus der Erzeugnisse auf der einen Seite und stärkere Rationalisierung der Fertigung auf der anderen Seite erreicht werden.

Zum anderen muß angesichts der zunehmenden Integration des westeuropäischen Wirtschaftsraumes der Export in das europäische Ausland weiter ausgebaut werden. Dieser Weg kann durch die Schaffung neuer Produkte sowie durch die Einführung neuer Absatzmethoden erfolgreich beschritten werden.

3.2.3 Das Aufkommen neuer Produktionstechniken

Gleichzeitig mit der Zunahme des internationalen Wettbewerbs haben sich größere Wandlungen im Bereich der Produktionstechniken vollzogen.

Hervorgerufen wurde dieser Wandel vor allem durch zwei Faktoren:

- Die vermehrte Verarbeitung synthetischer Fasern sowie

- die zunehmende Verteuerung des Faktors Arbeitskraft.

In den letzten beiden Jahrzehnten hat der Verbrauch an synthetischen Fasern in starkem Maße zugenommen. Lag sein Anteil 1963 noch bei 3,2 %, so machte er 1973 bereits nahezu 4o % des Verbrauchs an textilen Rohstoffen in der Bundesrepublik Deutschland aus.[23]

Die zunehmende Verarbeitung dieser Fasern erforderte eine Reihe von Umstellungsmaßnahmen bei den textilen Produktionsverfahren. So mußten z.B. die herkömmlichen Verfahren der Textilveredlung den speziellen Gegebenheiten dieser Fasern angepaßt werden. In einigen Bereichen führte diese Entwicklung zur Einführung völlig neuer Fertigungsverfahren. Es sei in diesem Zusammenhang nur auf den Prozeß des Texturierens synthetischer Fäden oder auf die Herstellung von Verbundstoffen durch das Non-woven-Verfahren hingewiesen.[24]

Wesentlich stärker noch als die Veränderungen auf Grund neuer Rohstoffe sind die Wandlungen der Produktionstechniken auf Grund des zunehmenden Zwangs zur Rationalisierung. Verlangten bereits die Importe aus den Niedrigpreisländern vermehrte Bemühungen um rationellere Herstellungsprozesse textiler Erzeugnisse, so wird diese Notwendigkeit durch die Verteuerung des Faktors Arbeit in der Textilwirtschaft der BRD noch weiter verstärkt. Betrugen die durchschnittlichen Lohnkosten eines Arbeiters in der Textilindustrie 1962 noch 3,73 DM pro Stunde, so lagen sie 1973 bereits bei 1o,o6 DM pro Stunde, was einer Steigerung von 17o % entspricht.[25]

Die Bemühungen, sich dieser Entwicklung anzupassen, reichen von der Automatisierung einzelner Arbeitsprozesse, wie des Webvorganges, bis hin zur Automatisierung hintereinander gelagerter Fertigungsprozesse zu fortlaufenden Produktionsstraßen, wie sie bereits im Bereich der Ausrüstung von Geweben und Gewirken zu finden ist.[26]

Für das einzelne Unternehmen der Textilwirtschaft liegt in der Übernahme dieser modernen Produktionstechniken auf lange Sicht die einzige Möglichkeit, sich der zunehmenden Kostensteigerung im Personalbereich anzupassen. Dies gilt um so mehr, als es angesichts der steigenden Importkonkurrenz nur in einem geringen Maße möglich ist, die gestiegenen Lohnkosten durch eine Erhöhung der Preise an den Endverbraucher weiterzugeben.

3.3 Die Entwicklung der Konzentration in der Textilindustrie der BRD

3.3.1 Die Entwicklung der Umsatzgrößenstruktur in der Textilindustrie der BRD

3.3.1.1 Vorbemerkung

Zur Ermittlung der Zahl der steuerpflichtigen Unternehmen der Textilindustrie sowie deren Aufteilung auf die einzelnen Umsatzgrößenklassen kann auf die im Zweijahresturnus erscheinenden Ergebnisse der Umsatzsteuerstatistik des Statistischen

Bundesamtes zurückgegriffen werden.[27]

In dieser Statistik werden für die Textilindustrie insgesamt 14 Umsatzgrößenklassen berücksichtigt. Innerhalb jeder Größenklasse werden die Zahl der steuerpflichtigen Unternehmen, der steuerbare Umsatz sowie die Umsatzsteuervorauszahlung angegeben.

Die Gliederung der Größenklassen erstreckt sich bis zu den reinen Handwerksunternehmen der Textilindustrie mit einem Jahresumsatz von unter 5oo.ooo DM. In unserer weiteren Untersuchung werden wir diese Unternehmen nur teilweise berücksichtigen, da ihr Anteil am Umsatz der gesamten Textilindustrie verschwindend gering ist.

Im folgenden werden wir zunächst die Entwicklung der Zahl der Unternehmen und der Umsätze der Textilindustrie insgesamt untersuchen. In einem weiteren Schritt werden wir uns dann der Frage zuwenden, wie sich die Zahl der Unternehmen und die Umsätze innerhalb der einzelnen Größenklassen verändert haben.

3.3.1.2 Die Zahl der Unternehmen

Wie Übersicht 1 zeigt, liegt die Zahl der Unternehmen der Textilindustrie der BRD im Jahre 1962 bei 5.198 Unternehmen. Ihr Umsatz beträgt im selben Jahr 18,6 Milliarden DM.

Während sich die Zahl der Unternehmen bis zum Jahre 1972 um 17,9 % auf 4.268 Unternehmen verringert, steigt der Umsatz des gesamten Industriezweiges um 51,9 % auf 28,3 Milliarden DM.

Dabei geht interessanter Weise die Zahl der Unternehmen innerhalb des Zeitraums von 1964 bis 1968 besonders stark zurück. In dieser Zeit verringert sich die Zahl der Unternehmen bereits um 11,o %. Der Umsatz des gesamten Industriezweiges

Übersicht 1: Anzahl und Umsatz der Unternehmen in der Textilindustrie der BRD, 1962 - 1972[1]

Jahr	Unternehmen insgesamt (einschließlich o - o,5 Mill. Umsatz)				Unternehmen über o,5 Mill. DM Umsatz			
	Anzahl		Umsatz		Anzahl		Umsatz	
	absolut	indiziert 1962=1oo	absolut	indiziert 1962=1oo	absolut	indiziert 1962=1oo	absolut	indiziert 1962=1oo
1962	5.198	1oo,o	18.597.859	1oo,o	2.964	1oo,o	18.2oo.132	1oo,o
1964	5.1oo	98,1	2o.42o.528	1o9,8	2.921	98,5	2o.o42.188	11o,1
1966	4.8o3	92,4	21.434.879	115,3	2.856	96,4	21.o85.416	115,8
1968	4.529	87,1	22.1o1.221	118,8	2.7o8	91,4	21.797.279	119,8
197o	4.389	84,4	25.569.936	137,5	2.762	93,2	25.281.11o	138,9
1972	4.268	82,1	28.262.184	151,9	2.723	91,9	27.989.114	153,8

1 Quelle: Statistisches Bundesamt, Fachserie L, Finanzen und Steuern, Reihe 7, Umsatzsteuer (Ergebnisse der Umsatzsteuerstatistik), mehrere Jahrgänge. Eigene Berechnungen.

nimmt dagegen vor allem in der Zeit von 1968 bis 1972 stark zu. Auf diese Jahre entfallen allein 33,1 % des Umsatzzuwachses.

Insgesamt lassen sich also für den Zeitraum von 1962 bis 1972 trotz eines Rückgangs der Unternehmen um nahezu 2o % Umsatzsteigerungen von über 5o % feststellen.

Diese Ergebnisse werden allerdings stark abgeschwächt, wenn wir unsere Betrachtung nur auf die Unternehmen mit einem Jahresumsatz von mehr als o,5 Millionen DM beschränken. Dieses Vorgehen erscheint umso mehr gerechtfertigt, als es sich bei den Unternehmen unterhalb dieser Größenordnung um reine Handwerksbetriebe handelt, die noch nicht einmal 2 % des Gesamtumsatzes der Textilindustrie ausmachen.

Wie Übersicht 1 zeigt, ergeben sich auf diese Weise 1962 insgesamt 2.964 Unternehmen für die Textilindustrie der BRD, auf die ein Umsatz von 18,2 Milliarden DM entfällt. Diese Zahl verringert sich bis 1972 um 8,1 % auf 2.723 Unternehmen.

Für den gleichen Zeitraum erhöht sich der Umsatz dieser Unternehmen um insgesamt 53,8 % auf nahezu 28,o Milliarden DM. Allerdings ist diese Entwicklung nicht stetig verlaufen. Während sich die Zahl der Unternehmen bis 1968 auf 2.7o8 verringert hat, steigt sie 197o wieder auf 2.762 an, um dann 1972 wieder auf 2.723 abzusinken.

Aus diesen Zahlen wird deutlich, daß sich der Konzentrationsprozeß bei weitem nicht so intensiv abgespielt hat, wie es zunächst den Anschein hatte. Denn läßt man die Unternehmen unter o,5 Millionen DM Jahresumsatz außer Betracht, so hat sich die Zahl der Unternehmen in der Textilindustrie für den Zeitraum von 1962 bis 1972 nur geringfügig verändert. Die Zahl der Unternehmen ist mit 8,1 % noch nicht einmal halb so stark zurückgegangen wie es auf den ersten Blick den Anschein hatte. Bemerkenswert ist ferner, daß nach dem relativ starken Einbruch in den Jahren 1966 bis 1968 die Zahl der Unternehmen sogar wieder zugenommen hat.

3.3.1.3 Die Verteilung der Größenklassen

Weitere interessante Aspekte ergeben sich, wenn wir die Verteilung der Unternehmen und ihres Umsatzes auf die einzelnen Umsatzgrößenklassen für den Zeitraum von 1962 bis 1972 untersuchen. Dabei werden wir auch hier nur die Unternehmen mit mehr als o,5 Millionen Jahresumsatz in die Betrachtung mit einbeziehen.

Die Tabellen 1 bis 6 (Anhang) geben die Verteilung der Größenklassen für die einzelnen Jahre unseres Beobachtungszeitraums wieder.

Im Jahre 1962 entfällt der überwiegende Teil der Unternehmen auf die unteren Größenklassen. So liegen beispielsweise allein 25,47 % der Unternehmen innerhalb der Größenklasse o,5 bis 1 Millionen DM Jahresumsatz. Auch auf die Klasse 5 - 1o Millionen DM Jahresumsatz entfallen immerhin noch 13,o2 % der Unternehmen. Dementsprechend weniger Unternehmen sind in den höheren Umsatzgrößenklassen zu finden. So entfallen beispielsweise auf die Klasse 25 - 5o Millionen DM nur 3,44 % der Unternehmen und auf die Klasse 5o - 1oo Millionen DM nur 1,21 % der Unternehmen. Unternehmen mit über 1oo Millionen DM machen 1962 lediglich einen Anteil von o,38 % der Textilindustrie aus.

Betrachtet man die Verteilung der Umsätze auf die einzelnen Größenklassen, so ergibt sich folgendes Bild. Der überwiegende Teil der Umsätze entfällt auf die mittleren Größenklassen. So machen beispielsweise die Unternehmen mit 1o - 25 Millionen DM Jahresumsatz 22,o5 % des gesamten Umsatzes der Textilindustrie aus. Bei der Größenklasse 25 - 5o Millionen DM sind es 19,4o % und bei der Größenklasse 5o - 1oo Millionen

DM 13,o1 %. Einen sehr geringen Anteil am Gesamtumsatz der Textilindustrie nehmen die unteren Größenklassen ein. So macht beispielsweise die Klasse o,5 - 1 Millionen DM nur 3,o1 % und die Klasse 1 - 2 Millionen DM nur 5,64 % des Umsatzes aus.

Diese Verteilung verschiebt sich in den weiteren Jahren unseres Beobachtungszeitraums mehr und mehr zugunsten der mittleren und größeren Unternehmen. So verringert sich beispielsweise der zahlenmäßige Anteil der Unternehmen mit einem Jahresumsatz von o,5 - 1 Millionen DM von 25,47 % (1962) auf 18,47 % (1972). Der Anteil dieser Unternehmen am Gesamtumsatz der Textilindustrie geht dabei von 3,o1 % (1962) auf 1,29 % (1972) zurück. Relativ gleich bleibt der zahlenmäßige Anteil der Unternehmen mit 2 - 5 Millionen DM Jahresumsatz. Er liegt über den gesamten Beobachtungszeitraum hinweg zwischen 23 und 25 %. Allerdings verringert sich der Anteil dieser Unternehmen am Gesamtumsatz der Textilindustrie von 12,13 % (1962) auf 7,77 % (1972).

Leicht zugenommen hat der zahlenmäßige Anteil der Unternehmen mit 5 - 1o und 1o - 25 Millionen DM Jahresumsatz. Betrachtet man beide Größenklassen zusammen, so vergrößert sich ihr zahlenmäßiger Anteil an den Unternehmen der Textilindustrie von 21,89 % (1962) auf 27,21 % (1972). Allerdings geht der Anteil dieser Gruppe am Gesamtumsatz der Textilindustrie eindeutig zurück. Er verringert sich von 37,oo % (1962) auf 29,71 % (1972).

Ebenfalls leicht gestiegen ist der zahlenmäßige Anteil der Unternehmen mit 25 - 5o Millionen DM Jahresumsatz. Er vergrößert sich von 3,44 % (1962) auf 5,28 % (1972). Allerdings geht auch hier der Anteil dieser Unternehmen am Gesamtumsatz der Textilindustrie von 19,4o % (1962) auf 17,69 % (1972) zurück.

Eine eindeutige umsatzmäßige als auch zahlenmäßige Zunahme haben die Unternehmen über 5o Millionen DM Jahresumsatz zu verzeichnen. So hat sich beispielsweise der zahlenmäßige Anteil der Unternehmen mit 5o - 1oo Millionen DM Jahresumsatz von 1,21 % (1962) auf 2,24 % (1972) erhöht. Ihr Anteil am Umsatz des gesamten Industriezweiges wächst im selben Zeitraum von 13,o1 % (1962) auf 15,35 % (1972). Noch größer sind die Zuwachsraten bei der Gruppe der Unternehmen über 1oo Millionen DM Jahresumsatz. Ihr zahlenmäßiger Anteil steigt von o,38 % (1962) auf 1,44 % (1972). Im gleichen Zeitraum steigert sich ihr Umsatzanteil von 9,81 % (1962) auf 25,25 % (1972).

Diese Entwicklung läßt sich auf graphischem Wege mit Hilfe einer sogenannten Lorenzkurve oder Konzentrationskurve verdeutlichen. Zu diesem Zweck tragen wir in einem Koordinatensystem auf der Abszisse die kumulierten relativen Häufigkeiten der Unternehmen und auf der Ordinaten die kumulierten Umsatzanteile ab. Wir erhalten auf diese Weise mehrere Punkte in diesem Koordinatensystem, die wir zu einer Kurve miteinander verbinden.

Die genaue Form dieser Konzentrationskurven für das Jahr 1962 und 1972 geht aus Abbildung 1 hervor. Durch Verbindung der Anfangs- und Endpunkte dieser Kurven erhalten wir die sogenannten Gleichverteilungsgeraden. Die Konzentrationskurven würden mit diesen Geraden zusammenfallen, wenn sämtliche Unternehmen den gleichen Umsatz hätten. Je ungleichmäßiger die Umsätze der Unternehmen verteilt sind, desto mehr wird die Konzentrationskurve von den Gleichverteilungsgeraden nach unten hin abweichen. Das bedeutet die Fläche zwischen beiden Kurven wird größer.

Ein häufig verwendetes Maß für die Konzentration ist der sogenannte Ginische Konzentrationskoeffizient L. Er wird gebildet, indem man die Fläche zwischen den Gleichverteilungsgeraden und der Konzentrationskurve zu der gesamten Fläche unterhalb der Gleichverteilungsgeraden in Beziehung setzt. L kann dabei Werte zwischen o und 1 annehmen. Es nimmt den

Abb. 1: Die Konzentrationskurven der Unternehmen der Textilindustrie der BRD für die Jahre 1962 und 1972[1]

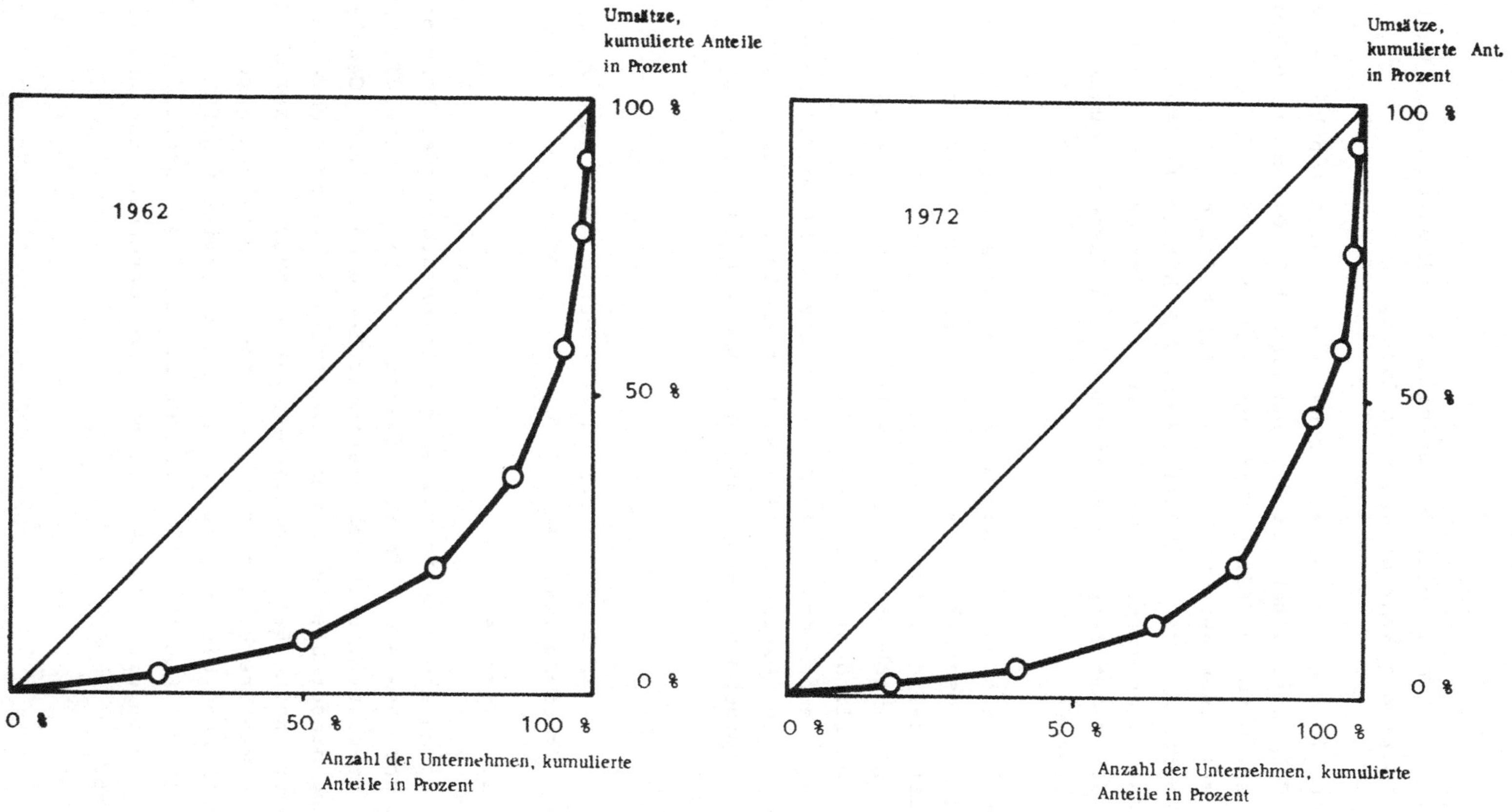

1 Quelle: Siehe Tabelle 1 und 6 (Anhang)

Wert o an, wenn keine Konzentration vorliegt und den Wert 1 an wenn maximale Konzentration vorliegt.

Legen wir die von uns gezeichneten Konzentrationskurven zugrunde, so erhalten wir für das Jahr 1962 einen Ginischen Koeffizienten von o,665o28. Bis zum Jahr 1972 erreicht dieser Koeffizient einen Wert von o,69662o. Das bedeutet: Der Konzentrationsgrad der Textilindustrie der BRD hat in diesem Zeitraum leicht zugenommen. Doch auch für 1972 ist es noch berechtigt, von einem mittleren Konzentrationsgrad dieses Industriezweiges zu sprechen.

Dies zeigt sich auch daran, daß 1972 beispielsweise immerhin 6o % des Umsatzes von 96 % der Unternehmen erwirtschaftet erwirtschaftet werden. In absoluten Zahlen ausgedrückt, entfallen demnach von den 28,o Milliarden DM Umsatz der gesamten Textilindustrie in 1972 etwa 16,8 Milliarden DM auf 2.614 Unternehmen, deren Jahresumsatz unter 5o Millionen DM liegt. Die restlichen 11,2 Milliarden DM verteilen sich auf 1o9 Unternehmen, deren Jahresumsatz über 5o Millionen DM liegt.

3.3.2 Die Entwicklung der Unternehmensgruppen in der Textilindustrie der BRD

3.3.2.1 Vorbemerkung

Die Grundlage unserer bisherigen Untersuchung des Konzentrationsprozesses der Textilindustrie der BRD bildete die Umsatzsteuerstatistik des Statistischen Bundesamtes. Gegenstand dieser Statistik war das einzelne bilanzierende Unternehmen. Keine Berücksichtigung fanden dagegen Konzerne, die durch mehrere bilanzierende Unternehmen gebildet werden. Demnach können die von uns im vorigen Abschnitt angeführten Zahlen den Konzentrationsprozeß nur insoweit darstellen, als er sich in einer Tendenz zu größeren Unternehmenseinheiten zeigt.

Um ein vollständiges Bild von der Konzentration in der Textilindustrie der BRD liefern zu können, ist es daher erforderlich, auch die Entwicklung der Unternehmensgruppen darzustellen. Da es keinerlei amtliches statistisches Material hierüber gibt, werden wir uns auf folgende Quellen stützen. Zum einen sind Presseberichte über die Jahresabschlüsse der einzelnen Unternehmensgruppen in der Tages- und Fachpresse auszuwerten. Zum anderen ist eine Untersuchung der Fachzeitschrift Textilwirtschaft über die größten Textilunternehmen der Wert heranzuziehen, die in den letzten Jahren regelmäßig durchgeführt worden ist.

Unsere Untersuchung erstreckt sich dabei auf den Zeitraum von 1965 bis 1972. Wir werden im einzelnen so vorgehen, daß wir für jedes Jahr dieses Zeitraums den Umsatz und die Beschäftigten aller Unternehmensgruppen mit einem Jahresumsatz von mehr als 1oo Millionen DM erfassen und den Anteil dieser Gruppen am Gesamtumsatz der Textilindustrie ermitteln. Bei dieser Vorgehensweise ergibt sich der Nachteil, daß wir vereinzelte Unternehmensgruppen, die mit ihrem Jahresumsatz unter 1oo Millionen DM liegen, nicht erfassen. Dies muß allerdings angesichts des unzureichenden statistischen Materials in Kauf genommen werden.

3.3.2.2 Die Zahl der Unternehmensgruppen

Die Tabellen 7 - 15 (Anhang) geben jeweils die Umsatzranglisten der Unternehmensgruppen in der Textilindustrie der BRD für die Jahre 1965 bis 1973 wieder. Die Übersicht 2 zeigt, wie hoch der Anteil der Gruppen am Gesamtumsatz der Textilindustrie in den einzelnen Jahren ist und wie hoch der Durchschnittsumsatz der einzelnen Gruppen ist.

Für das Jahr 1965 lassen sich insgesamt 21 Unternehmensgruppen mit einem Jahresumsatz von mehr als 1oo Millionen DM ermitteln.

Übersicht 2: Die Entwicklung der Unternehmensgruppen in der Textilindustrie der BRD[1]

1965 - 1973

Jahr	Zahl der Unternehmensgruppen	Umsatz der Unternehmensgruppen in Mill. DM	Umsatz der Textilindustrie in Mill. DM	Anteil am Umsatz der Textilindustrie	Ø Umsatz pro Unternehmensgruppe in Mill. DM
1965	21	3.592	2o.922	17,17	171,o
1966	29	4.816	2o.976	22,96	166,1
1967	25	4.331	19.451	22,27	173,2
1968	3o	5.526	21.175	26,1o	184,2
1969	35	7.111	23.429	3o,35	2o3,2
197o	47	9.536	24.35o	39,16	2o2,9
1971	47	1o.461	26.o54	4o,15	222,6
1972	45	1o.19o	26.476	38,49	226,4
1973	43	1o.919	27.7o4	39,41	253,9

1 Quelle: Siehe Tabelle 7 bis 15 (Anhang), sowie: GESAMTVERBAND DER TEXTILINDUSTRIE DER BUNDESREPUBLIK DEUTSCHLAND, Die Textilindustrie der Bundesrepublik Deutschland im Jahre ..., Frankfurt/Main, mehrere Jahrgänge.

Die ersten drei Plätze werden dabei von der Schulte-Dieckhoff Gruppe (418 Millionen DM), der Dierig Gruppe (36o Millionen DM) sowie der Adolff Gruppe (268 Millionen DM) eingenommen. Der Gesamtumsatz aller 21 Konzerne liegt bei 3592 Millionen DM. Der Anteil dieser Unternehmen am Gesamtumsatz der Textilindustrie liegt damit für das Jahr 1965 bei etwa 17,2 %. Der Durchschnittsumsatz der einzelnen Gruppen beträgt 171 Millionen DM.

Im Jahr 1966 steigt die Zahl der Unternehmensgruppen auf 29 und ihr Anteil am Gesamtumsatz der Textilindustrie erhöht sich auf 23,o %. 1967 geht dagegen die Zahl der Unternehmen mit einem Jahresumsatz von mehr als 1oo Millionen DM wieder auf 25 zurück. Ihr Umsatzanteil verringert sich ebenfalls auf 22,3 %. Der Grund für diesen Rückgang dürfte allerdings rein rechentechnischer Natur sein. Seit 1967 werden mit Einführung der Mehrwertsteuer die Umsatzzahlen ohne Steueranteile ausgewiesen. Während 1966 die gleichen Gruppen die Rangliste anführen, tritt 1967 ein erster Wechsel ein. In diesem Jahr fällt die Adolff Gruppe auf den 4 Platz zurück. An ihrer Stelle tritt die Nino GmbH & Co. mit einem Umsatz von 268 Millionen DM.

Für 1968 steigt die Zahl der Unternehmensgruppen mit über 1oo Millionen DM wieder auf 3o an. Der Gesamtumsatz dieser Gruppen liegt bei 5.526 Millionen DM, was einem umsatzmäßigen Anteil von 26,1 % an der gesamten Textilindustrie entspricht. Der durchschnittliche Umsatz pro Unternehmensgruppe beträgt mittlerweile 184,2 Millionen DM. Auch bei der Reihenfolge der führenden Gruppen hat sich in diesem Jahr eine Veränderung vollzogen. An erster Stelle befindet sich nun die Dierig Gruppe mit 37o Millionen DM Umsatz, gefolgt von den Heinrich Kunert Textilwerken mit 35o Millionen DM Umsatz. Der bisherige Ranglistenerste, die Schulte-Dieckhoff Gruppe, ist mit einem Umsatz von 318 Millionen DM auf den 3. Platz zurückgefallen.

1969 steigt die Zahl der Gruppen weiter auf 35 an. Ihr Umsatzanteil liegt in diesem Jahr bereits mit 7.111 Millionen DM bei 3o,4 % der gesamten Textilindustrie. Der Durchschnittsumsatz pro Gruppe beträgt mittlerweile 2o3,2 Millionen DM. Auch diesmal ist ein Wechsel in der Rangfolge zu verzeichnen. Die Schulte-Dieckhoff Gruppe ist weiter zurückgefallen. An ihre Stelle kommt auf den dritten Platz die Adolff Gruppe mit 392 Millionen DM Umsatz, die 1965 und 1966 bereits diese Stelle eingenommen hatte.

Eine starke Zunahme der Textilgruppen ergibt sich für das Jahr 197o. In diesem Jahr hat sich die Zahl der Unternehmensgruppen um 12 auf 47 erhöht. Ihr Gesamtumsatz liegt nun bei 9.536 Millionen DM. Ihr Anteil am Umsatz der Textilindustrie ist damit um mehr als 9 % auf 39,2 % gestiegen. Gleich geblieben ist der Durchschnittsumsatz pro Textilgruppe. Er liegt 197o bei 2o2,9 Millionen DM. Die Rangfolge der einzelnen Gruppen hat sich auch in diesem Jahr wieder verändert. Der erste Platz wird nun wieder von der Schulte-Dieckhoff Gruppe mit 62o Millionen DM Umsatz eingenommen, die auch in den ersten drei Jahren unseres Beobachtungszeitraums geführt hatte. Auf den zweiten Platz zurückgefallen ist die Dierig Gruppe mit 45o Millionen DM. Den dritten Platz nimmt nun erstmals die G. von Delden Gruppe mit 437 Millionen DM ein.

In den weiteren Jahren bleibt sowohl die Zahl als auch der umsatzmäßige Anteil der Unternehmensgruppen nahezu konstant. Während die Zahl der Unternehmensgruppen 1971 bei 47 und 1972 bei 45 liegt, beträgt ihr umsatzmäßiger Anteil an der gesamten Textilindustrie 1971 etwa 4o,2 % und 1972 etwa 38,5 %. Leicht gestiegen ist allerdings der durchschnittliche Umsatz der betrachteten Unternehmensgruppen. Er liegt 1971 bei 222,6 Millionen DM und 1972 bei 226,4 Millionen DM. Die Rangfolge der Unternehmen hat sich auch in diesen Jahren weiter verändert. In beiden Jahren nimmt die Glöggler Gruppe mit 649 Millionen DM (1971) und 689 Millionen DM (1972) den ersten Platz ein. Während 1972 die Dierig Gruppe mit 495 Millionen DM den 2. Platz halten kann, wird sie 1972 von der G. van Delden Gruppe mit 52o Millionen DM und der Schiesser Gruppe mit 49o Millionen DM auf den 4. Platz verdrängt.

Für 1973 ist die Zahl der Textilgruppen mit mehr als 1oo Millionen DM Jahresumsatz auf 43 zurückgegangen. Ihr umsatzmäßiger Anteil an der gesamten Textilindustrie ist dagegen mit 39,4 % nahezu gleichgeblieben. Für das gleiche Jahr beläuft sich der durchschnittliche Umsatz pro Unternehmensgruppe auf 253,9 Millionen DM. 1972 nimmt die Glöggler Gruppe mit 832 Millionen DM den ersten Platz und die G. van Delden Gruppe mit 619 Millionen DM den 2. Platz ein. Sie werden von der Dierig Gruppe mit 48o Millionen und der Schiesser Gruppe mit 47o Millionen DM gefolgt.

3.3.2.3 Die Umsatz- und Branchenstruktur der Unternehmensgruppen

Für das Jahr 1973 ergibt sich, wie wir soeben gesehen haben, eine Zahl von 43 Unternehmensgruppen mit mehr als 1oo Millionen DM Jahresumsatz. Der Gesamtumsatz dieser Unternehmen liegt bei 1o.919 Millionen DM. Der Durchschnittsumsatz der Gruppen beträgt 253,9 Millionen DM.

Untersucht man die Umsatzgrößenstruktur dieser Unternehmensgruppen genauer, so ergibt sich gemäß Tabelle 16 (Anhang) folgendes Bild. 24 der untersuchten Gruppen weisen einen Jahresumsatz zwischen 1oo und 2oo Millionen DM aus. Bei 4 Gruppen ergibt sich ein Umsatz von 2oo bis 3oo Millionen DM. 6 Unternehmensgruppen liegen in der Größenordnung von 3oo bis 4oo Millionen DM. 4oo bis 5oo Millionen DM Jahresumsatz weisen 7 Unternehmensgruppen auf. Ein Umsatz von mehr als 5oo Millionen DM erreichen schließlich nur 2 der Gruppen. Es läßt sich also feststellen, daß mehr als 5o % der Unternehmensgruppen nicht mehr als 2oo Millionen DM Jahresumsatz aufweisen. Die Umsatzgrenze von einer halben Milliarden DM wird lediglich von 2 Gruppen überschritten.

Weitere interessante Aspekte ergeben sich aus der Untersuchung der Branchenstruktur der Unternehmensgruppen. Dabei taucht die grundsätzliche Schwierigkeit auf, daß teilweise eine eindeutige Zuordnung der Unternehmen zu einer bestimmten Branche nicht möglich ist. Wer werden deshalb so vorgehen, daß wir die einzelnen Unternehmensgruppen jeweils der Branche zuordnen, in der sie den überwiegenden Teil der Umsätze tätigt. Wie Tabelle 16 (Anhang) zeigt, entfällt der überwiegende Teil der Gruppen, insgesamt 22, auf die Baumwollindustrie. Vor allem von den ersten 1o Textilgruppen stammen allein 8 aus dem Bereich der Baumwollindustrie. An zweiter Stelle folgt mit insgesamt 1o Unternehmensgruppen die Maschenindustrie. Auch noch relativ stark vertreten ist die Heimtextilienindustrie mit 6 Gruppen. An letzter Stelle folgen die Wollindustrie mit 3 und die Veredlungsindustrie mit 2 Unternehmensgruppen.

Es stellt sich die Frage, wie breit die Produktionsprogramme der einzelnen Unternehmensgruppen gestreut sind. Wie Tabelle 16 (Anhang) zeigt, sind von den 43 Unternehmensgruppen 22 in ihrer Produktionsstruktur einstufig aufgebaut. Bei 21 finden wir einen mehrstufigen Aufbau. Bei den mehrstufigen Konzernen handelt es sich zum größten Teil um Gruppen aus der Baumwollindustrie und der Maschenindustrie, die neben den Geweben bzw. Gewirken erzeugenden Betriebe auch über eigene Spinnereien verfügen. Darüber hinaus sind die Produktionsprogramme der einzelnen Unternehmensgruppen nicht sehr breit gestreut. In den meisten Fällen werden von einem Konzern nur Produkte erzeugt, die herstellungsmäßig oder absatzmäßig innerhalb einer Produktlinie liegen. So sieht beispielsweise das typische Produktionsprogramm eines Konzerns aus der Baumwollindustrie folgendermaßen aus: Garne aus Baumwolle und Synthetik, Rohgewebe, Gewebe für Bettwäsche, Tischwäsche, Hemdenstoffe. Nur in einigen wenigen Fällen findet innerhalb einer Unternehmensgruppe der Textilindustrie eine größere produktmäßige Diversifikation statt. Ebenso findet man nur selten Textilgruppen, die ihren Produktionsbereich auf die nächste Stufe der Bekleidungsindustrie ausdehnen. Diese relativ schmale Programmstruktur läßt sich bei den Unternehmensgruppen, die durch Kauf von Unternehmen oder durch Fusionen ihren Umsatz ausgeweitet haben, ebenso feststellen wie bei den Unternehmensgruppen, die durch Wachstum ihrer eigenen Unternehmen expandiert haben. Konzerne mit extrem breit gestreuten Produktionsprogrammen gibt es somit in der Textilindustrie äußerst selten. Die Unternehmen eines Konzerns gehören in der Regel nur einer Branche an, es sei denn, sie erstrecken sich auf vor- bzw. nachgelagerte oder auf benachbarte Branchen.

Ein letzter Aspekt der in diesem Zusammenhang untersucht werden soll, betrifft das Engagement der Unternehmensgruppen der Textilindustrie im Ausland. Es werden schätzungsweise lediglich 1/4 der untersuchten 43 Unternehmensgruppen über Unternehmen im Ausland bzw. über Beteiligungen an ausländischen Unternehmen verfügen. Allerdings lassen sich hier keine exakten Angaben machen, da bei einem Teil der Unternehmensgruppen keine Informationen über ihre Auslandsinvestitionen vorliegen.

3.3.3 Schlußfolgerungen

Versuchen wir unsere bisherigen Untersuchungen zum Konzentrationsprozeß in der Textilindustrie der BRD noch einmal zusammenzufassen, so läßt sich folgendes feststellen:

- In der Textilindustrie zeichnet sich ein eindeutiger Trend zu größeren Unternehmenseinheiten ab. Während der zahlenmäßige Anteil der Unternehmen mit einem Jahresumsatz unter 1o Millionen DM in den letzten Jahren zurückgeht, nimmt der Anteil der Unternehmen mit mehr als 1o Millionen DM zu. Dementsprechend ist auch der Anteil dieser Unternehmen am Gesamtumsatz der Textilindustrie gestiegen. Allerdings geht dieser Prozeß nur sehr langsam vonstatten. So ist beispielsweise der Ginische Konzentrationskoeffizient für den Zeitraum von 1962 bis 1972 lediglich von o,665 auf o,697 angestiegen.

Betrachten wir die Entwicklung der Unternehmensgruppen in der Textilindustrie, so zeigt sich auch hier eine eindeutige Zunahme der Unternehmensgruppen. Während 1965 lediglich 21 Unternehmensgruppen einen Jahresumsatz von mehr als 1oo Millionen DM aufweisen und ihr Anteil am Gesamtumsatz der Textilindustrie bei etwa 17 % liegt, ergeben sich für 1973 insgesamt 43 Unternehmensgruppen mit einem Umsatzanteil von nahezu 4o %. Der Durchschnittsumsatz einer Unternehmensgruppe erhöht sich im selben Zeitraum von 171,o Millionen auf 253,9 Millionen DM. Allerdings muß besonders bemerkt werden, daß sowohl die Zahl der Unternehmensgruppen als auch ihr umsatzmäßiger Anteil an der Textilindustrie seit 197o annähernd gleich geblieben ist. Auch hier zeigt es sich, daß der Konzentrationsprozeß in der Textilindustrie der BRD nur relativ langsam voranschreitet.

Abschließend soll an Hand dieser Ergebnisse versucht werden, einige Schlußfolgerungen auf die weitere Entwicklung des Konzentrationsprozesses in der Textilindustrie der BRD zu ziehen. Unsere Untersuchungsergebnisse deuten darauf hin, daß der Konzentrationsprozeß auch in den folgenden Jahren nur mit geringer Intensität voranschreiten wird. Nach wie vor wird die Zahl der größeren Unternehmen der Textilindustrie nur langsam zunehmen. Der Anteil der Unternehmensgruppen am Gesamtumsatz der Textilindustrie wird auch in den nächsten Jahren nur leicht ansteigen. Im einzelnen lassen sich hierfür eine Reihe von Gründen anführen.

So haben wir beispielsweise festgestellt, daß die Umsatzzuwächse der Unternehmensgruppen der Textilindustrie nicht wesentlich höher waren als die Zuwächse der Textilindustrie insgesamt. Es gibt nur wenige Unternehmensgruppen, die jährlich Umsatzzuwächse von 15 % und mehr zu verzeichnen haben.

Ferner ist deutlich geworden, daß die einzelnen Unternehmen in der Regel nur innerhalb ihrer Branche expandieren, ganz gleich, ob sie den Umsatz ihrer bestehenden Unternehmen ausweiten oder ob sie durch Fusion oder Kauf neue Unternehmen erwerben. Auf diese Weise sind der Expansion der Unternehmensgruppen zwangsläufig feste Grenzen gesetzt, da die bestehenden Textilmärkte relativ hart umkämpft werden. Darüber hinaus hat es sich gezeigt, daß es nur relativ wenige Unternehmensgruppen gibt, die über mehrere Jahre in der Lage sind, durch den Zukauf oder die Neugründung von Unternehmen zu expandieren. Auch dieser Aspekt spricht dafür, daß sich die Expansion der Unternehmensgruppen in relativ festen Grenzen vollziehen wird.

Schließlich läßt sich noch anmerken, daß es in der Textilindustrie im Gegensatz zu anderen Industriezweigen nur einige wenige Unternehmen gibt, die über sehr hohe Umsatzzahlen verfügen und den Konzentrationsprozeß maßgeblich beeinflussen können. So vermögen auch 1973 lediglich zwei Unternehmensgruppen einen Jahresumsatz von mehr als 5oo Millionen DM aufzuweisen.

4 Die Kooperation als unternehmenspolitische Alternative in der Textilwirtschaft der BRD

4.1 Die Kooperation als mögliche Form der Anpassung an den Konzentrationsprozeß in der Textilwirtschaft der BRD

4.1.1 Vorbemerkung

Unsere bisherigen Untersuchungen haben deutlich gemacht, daß der Konzentrationsprozeß in der Textilwirtschaft der BRD mit nur geringer Intensität voranschreitet. Zwar liegt der Anteil der Unternehmensgruppen am Gesamtumsatz der Textilindustrie 1973 bei nahezu 4o %, doch wie wir gesehen haben, spricht vieles dafür, daß sich dieser Anteil in den nächsten Jahren nur langsam erhöhen wird. Das bedeutet, die übrigen 6o % des Umsatzes der Textilindustrie werden nach wie von nach typisch mittelständischen Unternehmen erstellt werden.

Für diese Unternehmen bildet der Weg der Fusion mit anderen Unternehmen keine befriedigende Alternative dar. Denn er bedeutet die Aufgabe ihrer wirtschaftlichen Selbständigkeit und den Verlust ihrer Möglichkeiten, sich flexibel der Entwicklung des Marktes anzupassen.[28]

Für diese Unternehmen liegt in der Kooperation eine wichtige Möglichkeit, sich den strukturellen Veränderungen ihres Wirtschaftszweiges anzupassen, die durch die Zunahme des internationalen Wettbewerbs sowie durch das Aufkommen neuer Produktionstechniken gegeben sind und letzten Endes den Konzentrationsprozeß der Textilwirtschaft maßgeblich beeinflußt haben. Die Vorteile, die die Kooperation diesen Unternehmen bieten kann, liegen:

- In der Erhöhung der Produktivität ihrer Unternehmen,
- in der Stärkung ihrer Marktposition sowie
- in der Verbesserung von technischem und ökonomischem Wissen.

4.1.2 Steigerung der Produktivität der Unternehmen

Ein möglicher Weg zur Steigerung der Produktivität der Unternehmen im Rahmen der Kooperation besteht in der Funktionsvereinigung. Wie wir gesehen haben, ergibt sich für die Unternehmen der Textilwirtschaft der BRD die zwingende Notwendigkeit, sich jeweils dem neuesten Stand der Technik anzupassen. Oft übersteigen sowohl die erforderlichen Mindestgrößen der Produktionseinheiten als auch die dazu notwendigen Investitionen die Möglichkeiten eines einzelnen Unternehmens bei weitem. Hier lassen sich mit Hilfe der Kooperation größere Einheiten bilden und gemeinsam die Vorteile der "economies of large scale" nutzen.[29]

Auch für die Erschließung neuer Auslandsmärkte liegen in der Funktionsvereinigung wichtige Möglichkeiten. Vielfach sind die erforderlichen Aktivitäten auf dem Gebiet der Marktforschung und des Vertriebes für ein einzelnes Unternehmen zu aufwendig. Versucht man, den neuen Markt durch gemeinsame Marktforschung und Vertrieb zu erschließen, so hat ein solches Vorhaben auch für ein kleineres Unternehmen Aussicht auf Erfolg.

Eine weitere Möglichkeit der Steigerung der Produktivität der Unternehmen im Rahmen der Kooperation besteht in der Funktionsaufteilung. In der Regel besitzt jedes Unternehmen sowohl auf bestimmten technischen als auch organisatorischen Gebieten besondere Erfahrungen und Fähigkeiten. Sollen diese für alle Teilnehmer einer Kooperation optimal genutzt werden, so muß sich jedes Unternehmen auf die Aktivitäten spezialisieren, bei denen es im Vergleich zu den anderen Firmen einen komperativen Produktivitätsvorteil besitzt.[3o] So kann es z.B. sinnvoll sein, wenn bestimmte Stufen des Produktionsprozesses - man denke nur an den sehr viel Erfahrung erfordernden Prozeß der Tuchveredlung - von einem Unternehmen für die gesamte Kooperationsgruppe übernommen werden. Auf diese Weise kann die Produktivität der übrigen Unternehmen, die nicht dieses spezifische "Know-how" auf dem Gebiet der Veredlung besitzen, wesentlich gesteigert werden.

Sowohl bei der Funktionsvereinigung als auch bei der Funktions teilung wird verhindert, daß Aktivitäten innerhalb der Gruppe der kooperierenden Unternehmen doppelt ausgeführt werden.[31] Die Bedeutung dieses Aspektes läßt sich sehr gut am Beispiel der Produktwerbung klar machen. Betreiben mehrere Firmen, die das gleiche Produkt herstellen, unabhängig voneinander bestimmte Werbeaktivitäten, so wird in der Regel ein Teil dieser Aktivitäten neutralisiert, da man sich gegenseitig Marktanteile mit Hilfe der Werbung streitig macht. Entschließt man sich dagegen zu einer gemeinsamen Werbung für das gleiche Produkt, so läßt sich ein ähnlicher Erfolg mit geringeren Kosten erzielen.

4.1.3 Stärkung der Marktposition der Unternehmen

Ein weiterer wichtiger Effekt der Kooperation liegt in der Stärkung der Marktposition der beteiligten Unternehmen gegenüber Abnehmern und Lieferanten. Boettcher unterscheidet in diesem Zusammenhang zwischen originärer Machtbildung und sekundärer Machtausweitung.[32]

Die originäre Machtbildung wird durch den Zusammenschluß der Unternehmen auf der eigenen Marktseite erreicht. Die Unternehmen sind dabei bemüht, ihre Verhandlungsposition zu stärken, um der Marktgegenseite größere Zugeständnisse abzugewinnen.[33] Dies geschieht z.B., wenn mehrere Unternehmen der Bekleidungsindustrie ein gemeinsames Vertriebssystem aufbauen, um den größeren Einheiten auf der Marktgegenseite, den Filial- und Warenhäusern besser entgegentreten zu können.

Davon zu trennen ist die sekundäre Machtausweitung. Sie wird durch den Einstieg der Unternehmen auf der anderen Marktseite erreicht. Hier wird nicht versucht, ein Gegengewicht zu bilden. Man bemüht sich vielmehr, mit Hilfe der Gründung von Unternehmen auf der anderen Marktseite dort den Wettbewerb zu steigern und auf diese Weise die Macht auf der eigenen Seite auszuweiten. Typisches Beispiel hierfür bilden z.B. die Einkaufsverbände des Textileinzelhandels, deren ursprüngliche Aufgabe darin bestand, den Einfluß des Textilgroßhandels abzubauen und damit die Position des Einzelhandels zu verbessern.

Oft wird man allerdings bei einem konkreten Kooperationsfall nicht ohne weiteres zwischen originärer Machtbildung und sekundärer Machtausweitung unterscheiden können. So treten z.B. bei einer Kooperation zwischen Unternehmen der Tuch- und Kleiderstoffindustrie im Bereich der Beschaffung beide Aspekte auf. Denn einmal verbessert sich durch die Zusammenarbeit die Verhandlungsposition dieser Unternehmen gegenüber der anderen Marktseite, in diesem Falle den Spinnereien, da sie gemeinsam über größere Mengen disponieren können. Zum anderen führt diese Zusammenarbeit zu einem Abbau von Macht auf der anderen Marktseite, in diesem Falle des Großhandels für textile Hilfsstoffe, da die Unternehmen nun im Stande sind, die benötigten Hilfsstoffe direkt von den Herstellern zu beziehen.

4.1.4 Verbesserung von technischem und ökonomischem Wissen der Unternehmen

Ein letzter wichtiger Effekt der Kooperation ergibt sich aus der Verbesserung technischen und ökonomischen Wissens bei den zusammenarbeitenden Unternehmen.[34]

Dieser Aspekt wird sehr deutlich bei Kooperationen im Bereich des Erfahrungsaustausches. Entschließen sich mehrere Unternehmen zu regelmäßigen Gesprächen über produktions- und absatztechnische Probleme, so führt dieses gemeinsame Vorgehen schon sehr bald zu einer Verbreitung der spezifischen Erfahrungen und Kenntnisse der einzelnen Firmen auf die gesamte Kooperationsgruppe. Auf diese Weise werden das produktionstechnische "Know-how" und die Kenntnisse des Marktes bei allen Beteiligten verbessert.

Es läßt sich feststellen, daß dieser Effekt bei nahezu jeder Kooperation auftritt. Allein die Tatsache, daß bei einer Kooperation Gespräche zwischen den beteiligten Firmen geführt werden, bringt eine Verbesserung technischen und ökonomischen Wissens mit sich.

Dies trifft beispielsweise auch für eine Kooperation zu, deren Hauptziel es ist, die Produktivität im Bereich der Produktion durch Rationalisierungsmaßnahmen zu steigern. Hier wird jedes einzelne Unternehmen auch über die bisherigen produktionstechnischen Erfahrungen der Partner informiert. Ebenso verhilft eine Kooperation mit dem Ziel der Stärkung der Machtposition der Unternehmen auf bestimmten Absatzmärkten automatisch zu einer Verbreitung der spezifischen Marktkenntnisse der einzelnen Partner auf die gesamte Gruppe.

Für die an einer Kooperation beteiligten Unternehmen ergibt sich aus der Erhöhung ihres technischen und ökonomischen Wissenstandes ein zweifacher Vorteil:

Zum einen werden die Unternehmen in die Lage versetzt, anfallende Entscheidungen sachgerechter zu treffen und somit Fehlentscheidungen zu vermeiden. Zum anderen ergeben sich Anstöße zu Rationalisierungsmaßnahmen, sei es auf produktionstechnischem Gebiet oder sei es auf dem Gebiet der Organisation der Unternehmen.

4.1.5 Mögliche Formen der Kooperation

Es sind zahlreiche Versuche unternommen worden, die vielfältigen Erscheinungsformen der Kooperation systematisch zu erfassen.[35] Ein solches Unterfangen ist vor allem deshalb schwierig, weil jeder konkrete Kooperationsfall nur an Hand mehrerer Kriterien beschrieben werden kann.

Wir wollen deshalb bei der Systematisierung der Kooperationsformen so vorgehen, daß wir auf die einzelnen für unsere weitere Untersuchung wichtigen Kriterien hinweisen und die sich daraus ergebenden Kooperationsformen kurz darstellen. Dies sind im wesentlichen die Kooperationsrichtung, der Funktionsbereich und die Kooperationsart.

Hinsichtlich der Kooperationsrichtung lassen sich die Formen der horizontalen, der vertikalen und der konglomeraten Kooperation unterscheiden.[36] Kennzeichen der horizontalen Kooperation ist die Zusammenarbeit zwischen Unternehmen der gleichen Stufe des wirtschaftlichen Produktions- und Verteilungsprozesses. Bei der vertikalen Kooperation findet die Zusammenarbeit zwischen Unternehmen vor- und nachgelagerter Stufen statt. Im Falle einer konglomeraten Kooperation arbeiten dagegen Unternehmen zusammen, die weder zur gleichen Branche gehören noch vor- und nachgelagerte Branchen bilden. Eine solche Kooperation kann sich z.B. auf den Absatz von Produkten verschiedener Branchen beziehen, die sich zu einem Bedarfsbündel ergänzen.

Ein zweites Kriterium bildet der Funktionsbereich, innerhalb dessen die Zusammenarbeit stattfindet. Folgen wir den betrieblichen Grundfunktionen einer Unternehmung, so ergeben sich hier die Bereiche der Beschaffung, der Fertigung, des Absatzes und der Verwaltung. Dabei kann man in der Regel davon ausgehen, daß innerhalb dieser Funktionen nur einzelne Teilbereiche Gegenstand einer Kooperation sind. Diese sind z.B. innerhalb der Beschaffungsfunktion der Einkauf oder die Lagerhaltung, innerhalb der Fertigungsfunktion die Entwicklung neuer Verfahren oder die Produktion bestimmter Zwischenprodukte, innerhalb der Absatzfunktion die Marktforschung, der Vertrieb oder die Werbung und innerhalb der Verwaltungsfunktion die Benutzung von EDV-Anlagen.

Ein drittes Kriterium besteht in der Kooperationsart, nach der die Zusammenarbeit erfolgt. Hier lassen sich Kooperationen auf Grund vertraglicher Vereinbarungen und Kooperationen durch Bildung neuer Wirtschaftseinheiten unterscheiden.[37]

Bei der ersten Art ist Grundlage für die Zusammenarbeit der Kooperationsvertrag, der die Ziele der Kooperation, die Beziehungen der Kooperationspartner zueinander sowie ihre Aufgaben regelt. Die teilweise anzutreffende Kooperation auf Grund stillschweigender Vereinbarungen wollen wir dabei lediglich als einen Grenzfall dieser Form betrachten.[38] Denn hier handelt es sich um ähnliche Abmachungen, nur werden diese nicht eigens vertraglich festgelegt.

Bei der zweiten Art der Kooperation wird speziell für die Zusammenarbeit eine neue Wirtschaftseinheit in Form eines Gemeinschaftsunternehmens gebildet. Für die Durchführung der jeweiligen Aktivitäten sind dann weniger die einzelnen Kooperationspartner, als vielmehr ein solches Gemeinschaftsunternehmen verantwortlich. Naturgemäß ist diese Art der Kooperation wesentlich intensiver, da hier außer der rechtlichen Bindung noch eine kapitalmäßige Bindung der einzelnen Partner an die Kooperation vorliegt.[39]

Weitere mögliche Kriterien für die Beschreibung eines konkreten Kooperationsfalls bilden die Zahl der beteiligten Unternehmen sowie die Unterscheidung in Kooperationen, bei denen nur inländische Unternehmen zusammenarbeiten, und solche, an denen inländische und ausländische Unternehmen beteiligt sind.

4.2 Die Entwicklung der Kooperationsformen in der Textilwirtschaft der BRD

4.2.1 Vorbemerkung

Wie wir gesehen haben, liegt in der Kooperation eine wichtige Möglichkeit, angesichts des Konzentrationsprozesses in der Textilwirtschaft der BRD die Wettbewerbsfähigkeit eines mittelständischen Unternehmens auch weiterhin zu erhalten - sei es durch die Steigerung der Produktivität, durch die Stärkung der Machtposition auf den Märkten oder durch die Verbesserung von technischem und ökonomischem Wissen.

Es stellt sich die Frage, in welcher Form diese Chancen der Kooperation bisher von den Unternehmen der Textilwirtschaft wahrgenommen worden sind. Ausgehend von den ersten größeren Kooperationsbemühungen zu Beginn der sechziger Jahre wollen wir im folgenden die Entwicklung der wichtigsten Kooperationsformen in der Textilwirtschaft der BRD für den Zeitraum 1962 bis 1972 analysieren.

Da es über die Kooperation keinerleit amtliches statistisches Material gibt, sind wir bei unserer Untersuchung auf die Erfassung repräsentativer Kooperationsfälle angewiesen.

4.2.2 Die Erfassung repräsentativer Kooperationsfälle

4.2.2.1 Aufbau der Untersuchung

Eine der möglichen Quellen für die Erfassung der Kooperationsfälle aus der Textilwirtschaft der BRD bilden die Berichte des Bundeskartellamtes.[4o] Allerdings finden in diesen Berichten nur spezielle Formen der Kooperation - die behördlich zugelassenen Kartelle - Berücksichtigung. Ferner veröffentlicht die Kartellbehörde mit Rücksicht auf die beteiligten Firmen nur unbedingt notwendige Angaben,[41] so daß diese Berichte nur wenige Hinweise für eine nähere Untersuchung der Kooperationsformen liefern.

Weitere Anhaltspunkte ergeben sich aus Notizen in der Tages- und Fachpresse über bekanntgewordene Kooperationsfälle sowie aus den Mitteilungen der Verbände der Textilwirtschaft der

BRD. Hier stellen vor allem Veröffentlichungen des betriebswirtschaftlichen Instituts der Deutschen Seiden- und Samtindustrie sowie des Gesamtverbandes der Textilindustrie in der Bundesrepublik Deutschland eine wichtige Hilfe dar.[42]

Unsere Aufgabe besteht darin, alle diese Hinweise zu sammeln und systematisch aufzubereiten, wobei nur die Kooperationsfälle ausgewertet werden, an denen Unternehmen aus der Textilwirtschaft der BRD beteiligt sind. Kooperationen, die ausschließlich zwischen ausländischen Firmen stattfinden, werden dagegen nicht in die Untersuchung miteinbezogen.

4.2.2.2 Die erfaßten Kooperationsfälle

Für unsere Untersuchung sind insgesamt 27o Kooperationsfälle in der Zeit von 1962 bis 1972 aus der Textilwirtschaft der BRD erfaßt worden. Beteiligt sind 1.58o Unternehmen der Textilindustrie, der Bekleidungsindustrie, des Textilhandels und der Chemiefaserindustrie.

Tabelle 17 (Anhang) gibt die zeitliche Entwicklung dieser Kooperationsfälle wieder. Es ergeben sich für den Zeitraum von 1962 bis 1965 durchschnittlich 32 Kooperationsfälle mit etwa 21o beteiligten Unternehmen pro Jahr. Für den Zeitraum von 1966 bis 1972 gehen diese Zahlen auf durchschnittlich 2o Kooperationsfälle mit etwa 1oo beteiligten Unternehmen zurück. Aus diesen Angaben läßt sich deutlich erkennen, daß vor allem zur Zeit der Entstehung des Kooperationsgedankens zu Beginn der sechziger Jahre diese Idee auch in der Textilwirtschaft der BRD in großem Maße Anklang gefunden hat. Auf diesen Zeitraum entfällt ein überdurchschnittlich großer Teil der gegründeten Kooperationen.

Allerdings ist seit 1966 die Zahl der erfaßten Kooperationen annähernd gleich geblieben. Das gleiche gilt seit 1968 auch für die Zahl der beteiligten Unternehmen. Es läßt sich also feststellen, daß die zahlenmäßige Entwicklung der Kooperationen in der Textilwirtschaft der BRD in den letzten Jahren nahezu konstant geblieben ist.

Hinsichtlich der Dauer dieser Kooperationsfälle kann man davon ausgehen, daß sie sich zum größten Teil über einen Zeitraum von mehr als 5 Jahren erstrecken.

4.2.2.3 Die beteiligten Unternehmen

Weitere interessante Aspekte ergeben sich aus der Untersuchung der an den Kooperationsfällen beteiligten Unternehmen.

Wie Tabelle 17 (Anhang) zeigt, sind von den insgesamt 1.58o erfaßten Unternehmen der Textilwirtschaft 1.197 inländische Firmen und 383 ausländische Firmen. Dabei sind letztere im wesentlichen innerhalb der europäischen Gemeinschaft (EG) angesiedelt. Ein geringer Teil der Unternehmen stammt aus dem Raum der Europäischen Freihandelszone (EFTA) und den Vereinigten Staaten von Amerika. Hinzu kommen in den letzten Jahren Unternehmen aus den Staatshandelsländern.

Tabelle 18 (Anhang) gibt die Verteilung der erfaßten Unternehmen auf die einzelnen Stufen der Textilwirtschaft wieder. Die Textilindustrie stellt mit 611 Firmen den größten Anteil. Es folgen die Bekleidungsindustrie mit 481 Unternehmen und der Textilhandel mit 441 Unternehmen. Bei den erfaßten Unternehmen im Bereich des Textilhandels handelt es sich zum größten Teil um Firmen des Einzelhandels und nur zu einem geringen Teil um Firmen des Großhandels. Die Chemiefaserindustrie ist mit 22 Unternehmen vertreten.

Wie die weitere branchenmäßige Untergliederung in Tabelle 19 (Anhang) zeigt, sind innerhalb der Textilindustrie die Sparten der Baumwollspinnerei und Baumwollweberei mit 72 und 153 Unternehmen am stärksten vertreten. Es folgen die Sparte der

Heimtextilienindustrie mit 159 Unternehmen sowie die Sparten der Wollspinnerei und der Tuch- und Kleiderstoffweberei mit 21 und 77 Unternehmen. Relativ schwach vertreten sind die Maschenindustrie mit 57 Firmen, die Seiden- und Samtweberei mit 3o Firmen und schließlich die Textilveredlungsindustrie mit 36 Firmen.

Innerhalb der Bekleidungsindustrie bildet, wie Tabelle 2o (Anhang) zeigt, die Herren- und Knabenoberbekleidungsindustrie mit 229 Unternehmen die am stärksten vertretene Branche. Es folgen die Wäscheindustrie mit 126 Unternehmen sowie die Damenoberbekleidungsindustrie mit 1o2 Unternehmen. Auf die übrigen Branchen der Bekleidungsindustrie entfallen weitere 22 Unternehmen.

Die relativ hohe Zahl von 441 erfaßten Unternehmen innerhalb des Textilhandels ist vor allem auf die Gründung einer Reihe von Einkaufsverbänden in der ersten Hälfte der sechziger Jahre zurückzuführen. So entfallen auf die Jahre 1962 bis 1965 allein 312 der erfaßten Unternehmen des Einzelhandels (vgl. Tab. 18, Anhang). Damit war im wesentlichen der Prozeß des Aufbaus von Einkaufsverbänden, der bereits zu Beginn dieses Jahrhunderts seinen Anfang genommen hatte, für den Textileinzelhandel abgeschlossen. Bei den nach 1965 erfaßten Kooperationen im Bereich des Textilhandels handelt es sich größtenteils um eine Zusammenarbeit mit Unternehmen der vorgelagerten Stufen der Textilwirtschaft.

Bei den 22 erfaßten Chemiefaserunternehmen kann davon ausgegangen werden, daß hiermit der größte Teil der Unternehmen dieser Branche erfaßt ist. Hier handelt es sich in der Regel um Kooperationen mit Unternehmen der nachgelagerten Stufen der Textilwirtschaft.

4.2.2.4 Zur Repräsentanz der Untersuchung

Bevor wir im einzelnen zur Darstellung der Ergebnisse über die Entwicklung der Kooperationsformen kommen, sind noch einige Angaben zur Repräsentanz unserer Untersuchung zu machen.

Wie bereits erwähnt, sind wir gezwungen, unsere Analyse auf die Kooperationsfälle zu beschränken, die innerhalb der Tages- und Fachpresse sowie im Rahmen der Mitteilungen der Verbände zur Veröffentlichung gelangen. Für unsere weitere Untersuchung bedeutet das, daß wir nur die neugegründeten Kooperationsfälle erfassen können. Notizen über seit Jahren bestehende Kooperationen sind in der Presse nur selten anzutreffen. Ebenso dringen nur selten Informationen über gescheiterte Kooperationen an die Öffentlichkeit. Ferner ist zu beachten, daß auch bei den Neugründungen nicht alle Kooperationsfälle erfaßt werden können, da die Publizitätsbereitschaft der beteiligten Unternehmen von Kooperationsfall zu Kooperationsfall recht unterschiedlich ist. Sie kann von der absoluten Geheimhaltung bis zur Darlegung sämtlicher Aktivitäten vor der Presse reichen. Demnach gibt es Jahr für Jahr eine Reihe von Kooperationsfällen, die nicht an die Öffentlichkeit dringen.

Somit beschränkt sich unsere Untersuchung nur auf repräsentative Zahlen von Neugründungen in den einzelnen Jahren unseres Beobachtungszeitraums. Wir sind nicht in der Lage, im einzelnen die Gesamtzahl der bestehenden Kooperationsfälle zu ermitteln und somit Rückschlüsse auf den Kooperationsgrad der Textilwirtschaft der BRD zu ziehen.[43]

Doch können wir davon ausgehen, daß sich an Hand der erfaßten neugegründeten Kooperationen ein recht gutes Bild von dem Ausmaß und der Form der Kooperationstätigkeit in den einzelnen Jahren unseres Untersuchungszeitraumes aufzeichnen läßt. Denn gerade die Neugründungen lassen erkennen, welche Probleme der Kooperation in den einzelnen Jahren besonders dringlich waren und in welcher Form sie von den Unternehmen der Textilwirtschaft gelöst wurden.

4.2.3 Die Auswertung der erfaßten Kooperationsfälle

4.2.3.1 Vorbemerkung

Bei der Auswertung der erfaßten Kooperationsfälle interessieren vor allem zwei Aspekte:

- Einmal die Entwicklung der einzelnen Kooperationsformen für den Bereich der Textilwirtschaft insgesamt in der Zeit von 1962 bis 1972.
- Zum anderen die durchschnittliche Verteilung der Kooperationsformen auf den einzelnen Stufen der Textilwirtschaft für den Zeitraum von 1962 bis 1972.

Dabei werden wir anhand der bereits erarbeiteten Kriterien zur Kennzeichnung einer konkreten Kooperationsform vorgehen.[44] Diese sind im einzelnen:

- Kooperationsrichtung,
- Art der Kooperation,
- Kooperationsbereich,
- Zahl der Kooperationspartner,
- nationale oder internationale Kooperationen.

4.2.3.2 Die Kooperationsrichtungen

4.2.3.2.1 Die Entwicklung in der Textilwirtschaft insgesamt

Es lassen sich auf Grund der eingeschlagenen Kooperationsrichtung vor allem drei Formen der Kooperation unterscheiden:

- Die vertikale,
- die horizontale und
- die konglomerate Kooperation.

Tabelle 21 (Anhang) verdeutlicht die Entwicklung dieser Kooperationsformen in der Textilwirtschaft der BRD in der Zeit von 1962 bis 1972.

Wir sehen, daß vor allem die horizontale Kooperation, d.h. die Zusammenarbeit zwischen Unternehmen der gleichen Wirtschaftsstufe, die mit Abstand am meisten praktizierte Form der Kooperation ist. Im Durchschnitt der Jahre 1962 und 1972 weist sie einen Anteil von 84,9 % der Kooperationsfälle auf.

Die vertikale Kooperation, d.h. die Kooperation zwischen Unternehmen vor- und nachgelagerter Wirtschaftsstufen, wurde dagegen nur in 12,9 % der Fälle durchgeführt. Damit findet die vielfach geäußerte Meinung, daß vor allem die vertikale Kooperation sinnvoll sei, durch die Praxis der Textilwirtschaft der BRD keine Bestätigung.[45]

Noch wesentlich geringer ist mit 2,2 % der Anteil der konglomeraten Kooperationsfälle, bei denen Unternehmen zusammenarbeiten, die weder zur gleichen Branche gehören noch vor- bzw. nachgelagerten Branchen zuzurechnen sind. Ein typisches Beispiel für eine derartige Kooperation bildet der Arbeitskreis "Tischkultur 2ooo". In diesem Verbund arbeitet ein namhaftes Unternehmen der Heimtextilienindustrie mit Unternehmen der Porzellan- und Metallwarenindustrie zusammen. Hauptaufgabe dieser Zusammenarbeit ist die Gestaltung aufeinander abgestimmter Kollektionen von Tischwäsche, Porzellan und Besteck.[46]

Dieses so gewonnene Bild über das Ausmaß der praktizierten Kooperationsrichtungen erfährt eine leichte Änderung, wenn wir die zeitliche Entwicklung seit 1962 betrachten. Es läßt sich feststellen, daß der Anteil der beiden zuletzt erwähnten Kooperationsformen im Laufe der Zeit leicht zugenommen hat.

Während zum Beispiel die vertikale Kooperation 1962 nur 3,1 % und 1963 nur 2,5 % der Fälle ausmacht, erreicht sie in den folgenden Jahren im Durchschnitt einen Anteil von etwa 16 %. Besonders stark ist diese Form der Kooperation 1966 mit 25,o % und 1972 mit 23,8 % der Kooperationsfälle vertreten.

Ähnlich verläuft die Entwicklung der konglomeraten Kooperation. Während diese Form in der Zeit von 1962 bis 1969 nur durchschnittlich 1 % der Fälle ausmacht, liegt ihr Anteil in den letzten drei Jahren unseres Beobachtungszeitraumes immerhin bei 5 %.

Dieser Entwicklung entsprechend ist der Anteil der horizontalen Kooperation von 96,9 % (1962) und 95,o % (1963) in den folgenden Jahren im Durchschnitt auf etwa 8o % zurückgegangen. Leichte Schwankungen ergeben sich lediglich 1969 mit einem Anteil von 89,5 % und 1972 mit einem Anteil von 71,4 % der Fälle.

4.2.3.2.2 Die Verteilung auf den einzelnen Stufen der Textilwirtschaft

Während die genannten Zahlen sich auf den Bereich der gesamten Textilwirtschaft erstrecken, ergeben sich weitere interessante Aspekte, wenn man die einzelnen Stufen der Textilwirtschaft gesondert betrachtet.

Abbildung 2 gibt einen Einblick in die Verteilung der Kooperationsrichtungen auf den Stufen der Textilwirtschaft, der Bekleidungsindustrie, des Textilhandels sowie der Chemiefaserindustrie.

Betrachten wir zunächst den Bereich der Textilindustrie. Für diesen Industriezweig ergibt sich ein ähnliches Bild wie für die gesamte Textilwirtschaft. Auch hier findet mit 81,8 % der größte Teil der Kooperationen in horizontaler Richtung

Abb. 2: Die Verteilung der Kooperationsrichtungen auf den einzelnen Stufen der Textilwirtschaft der BRD[1]

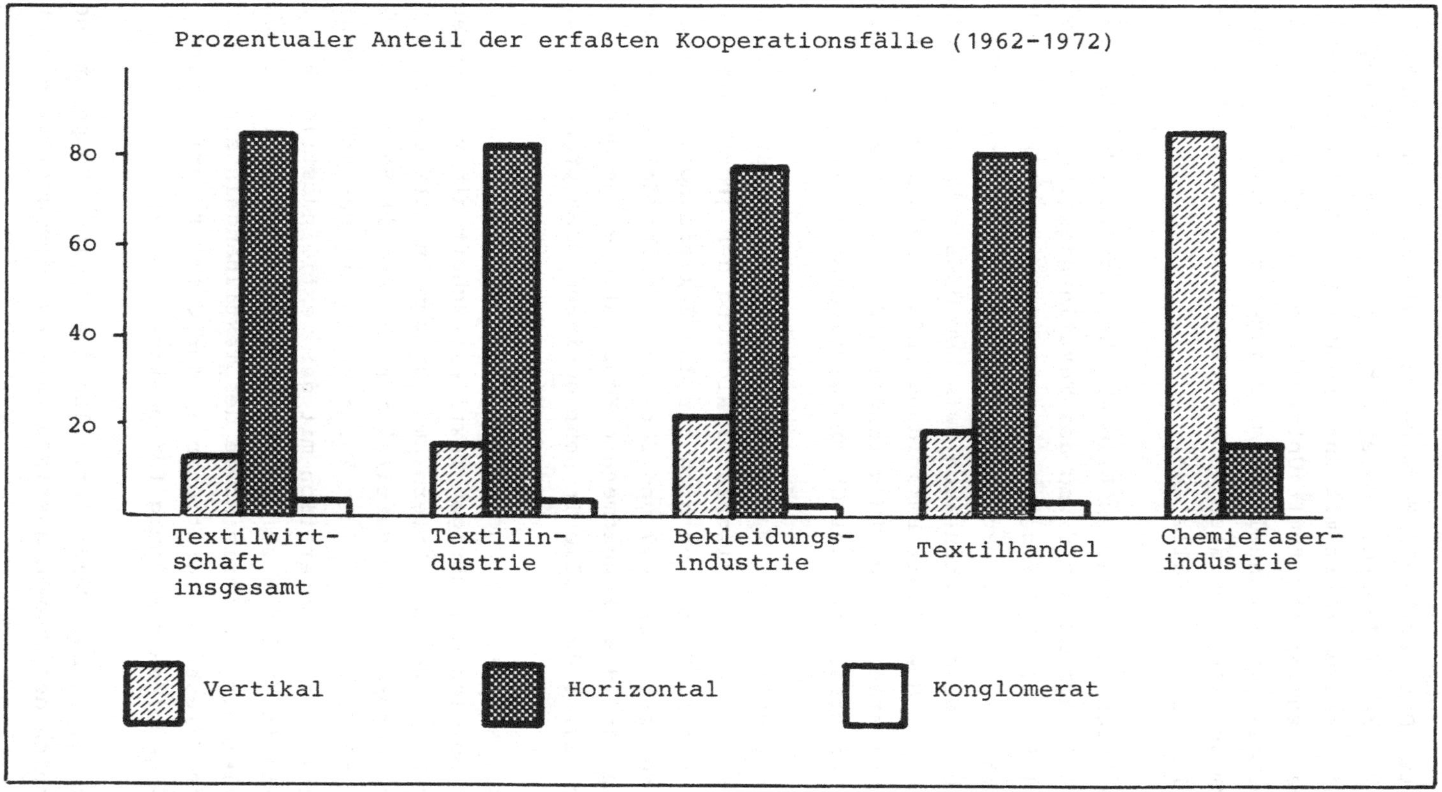

1 Quelle: Siehe Tabelle 22 (Anhang).

statt. Die vertikale Form weist lediglich einen Anteil von 15,7 % der Fälle auf. Dabei handelt es sich überwiegend um eine Zusammenarbeit mit Unternehmen der Chemiefaserindustrie. Eine Zusammenarbeit mit Unternehmen der Bekleidungsindustrie oder des Textilhandels kommt dagegen relativ selten vor. Die Form der konglomeraten Kooperation macht in der Textilindustrie 2,5 % der Fälle aus.

Ein leicht verändertes Bild ergibt sich für den Bereich der Bekleidungsindustrie und des Textilhandels. Hier finden 22,1 % bzw. 18,2 % der Kooperationen in vertikaler Richtung statt. Dabei kann man davon ausgehen, daß diese Kooperationen sich im wesentlichen auch zwischen diesen beiden Stufen abspielen. Sowohl die Bekleidungsindustrie als auch der Textilhandel arbeiten nur in geringem Maße mit der Stufe der Textilindustrie oder der Chemiefaserindustrie zusammen.

Selbstverständlich macht auch für diese beiden Stufen die Kooperation in horizontaler Richtung den größten Teil der Fälle aus. So ergibt sich für die Bekleidungsindustrie ein Prozentsatz von 76,7 und für den Textilhandel ein Prozentsatz von 79,6. Konglomerate Kooperationen werden mit 1,2 % bzw. 2,2 % der Fälle in sehr geringem Maße praktiziert.

Für die Stufe der Chemiefaserindustrie zeigt sich im Vergleich zum Bereich der übrigen Textilwirtschaft ein vollkommen anderes Bild. Bei den Unternehmen dieses Industriezweiges bildet die Kooperation in vertikaler Richtung mit 85,o % der Fälle die wichtigste Form der Zusammenarbeit. Der Schwerpunkt liegt dabei in der Kooperation mit der Textilindustrie. Bis zu einem gewissen Grad findet die Zusammenarbeit auch mit Firmen der Bekleidungsindustrie sowie des Textilhandels statt. Hauptaufgaben dieser Kooperationen in der Chemiefaserindustrie ist die gemeinsame Werbung für bestimmte Fasern.

Mit 15,o % der Fälle entfallen die übrigen Kooperationen im Bereich der Chemiefaserindustrie auf die horizontale Zusammenarbeit dieser Unternehmen untereinander. Sie betreffen zum größten Teil die gemeinsame Forschung und Entwicklung.

4.2.3.3 Die Art der Kooperationen

4.2.3.3.1 Die Entwicklung in der Textilwirtschaft insgesamt

Hinsichtlich der Art der Kooperation lassen sich vor allem zwei Formen unterscheiden:

- Die Kooperation auf Grund vertraglicher Vereinbarungen und
- die Kooperation durch Bildung neuer Wirtschaftseinheiten.

Die Entwicklung dieser beiden Kooperationsformen in der Textilwirtschaft der BRD gibt Tabelle 23 (Anhang) wieder.

Die Kooperation auf Grund vertraglicher Vereinbarungen nimmt mit 87,1 % der Fälle den größten Raum ein. Zu dieser Art der Kooperation werden auch all jene Fälle gezählt, bei denen die Zusammenarbeit im Wege stillschweigender Vereinbarungen erfolgt. Wir hatten bereits zu Beginn unserer Untersuchung darauf hingewiesen, daß es sich bei dieser letzteren Form lediglich um einen Grenzfall der Kooperation auf Grund vertraglicher Vereinbarungen handelt.[47] Entscheidend ist in diesem Zusammenhang, daß die Kooperation nicht verselbständigt wird. Die Zusammenarbeit erfolgt durch die Koordination einzelner Aktivitäten zwischen den jeweiligen Unternehmen, wobei die Basis für diese Abstimmung der Vertrag oder die stillschweigende Vereinbarung ist.

Demgegenüber findet bei der Kooperation durch Bildung neuer Wirtschaftseinheiten eine Verselbständigung der Zusammenarbeit statt. Dies kann z.B. im Bereich der Beschaffung durch die Gründung einer gemeinsamen Einkaufsgesellschaft erfolgen, die für jedes der beteiligten Unternehmen den Einkauf bestimmter Rohstoffe selbständig übernimmt. Diese Art der Kooperation ist mit 12,9 % der Fälle nur sehr schwach vertreten.

Betrachten wir allerdings die zeitliche Entwicklung für die Jahre 1962 und 1972, so wird deutlich, daß letztere Form der Zusammenarbeit in den letzten Jahren stark zugenommen hat. Während sie 1962 bis 1965 im Durchschnitt nur einen Anteil von etwa 6 % einnimmt, macht sie bereits 1966 und 1967 14 % der Fälle aus und erreicht 1968 bis 1972 sogar einen Anteil von etwa 21 %.

Dementsprechend ist die Kooperation auf Grund vertraglicher Vereinbarungen im Durchschnitt von etwa 94 % (1962 bis 1965) auf 86 % (1966 und 1967) und schließlich auf 79 % (1968 bis 1972) zurückgegangen.

Etwas außerhalb dieser Entwicklung liegt lediglich das Jahr 1971. Hier beträgt der Anteil der Kooperationen auf Grund vertraglicher Vereinbarungen 9o,o % und nur 1o % entfallen auf die Kooperation durch Bildung neuer Wirtschaftseinheiten.

4.2.3.3.2 Die Verteilung auf den einzelnen Stufen der Textilwirtschaft

Die Verteilung dieser beiden Kooperationsarten auf den einzelnen Stufen der Textilwirtschaft gibt Abbildung 3 wieder.

Für die Textilindustrie entspricht die Verteilung beider Kooperationsarten in etwa dem Durchschnitt der gesamten Textilwirtschaft. Die Kooperation auf Grund vertraglicher Vereinbarungen macht hier 86,8 % der Fälle aus. Die in der Regel wesentlich intensivere Form der Zusammenarbeit, die Kooperation durch Bildung neuer Wirtschaftseinheiten umfaßt nur 13,2 % der Fälle.

Im Bereich der Bekleidungsindustrie wird dagegen mit 97,7 % der Fälle nahezu ausschließlich auf der Basis vertraglicher bzw. stillschweigender Vereinbarungen zusammengearbeitet. In nur 2,3 % der Fälle werden für die Kooperation neue Wirt-

Abb. 3: Die Verteilung der Kooperationsarten auf den einzelnen Stufen der Textilwirtschaft der BRD[1]

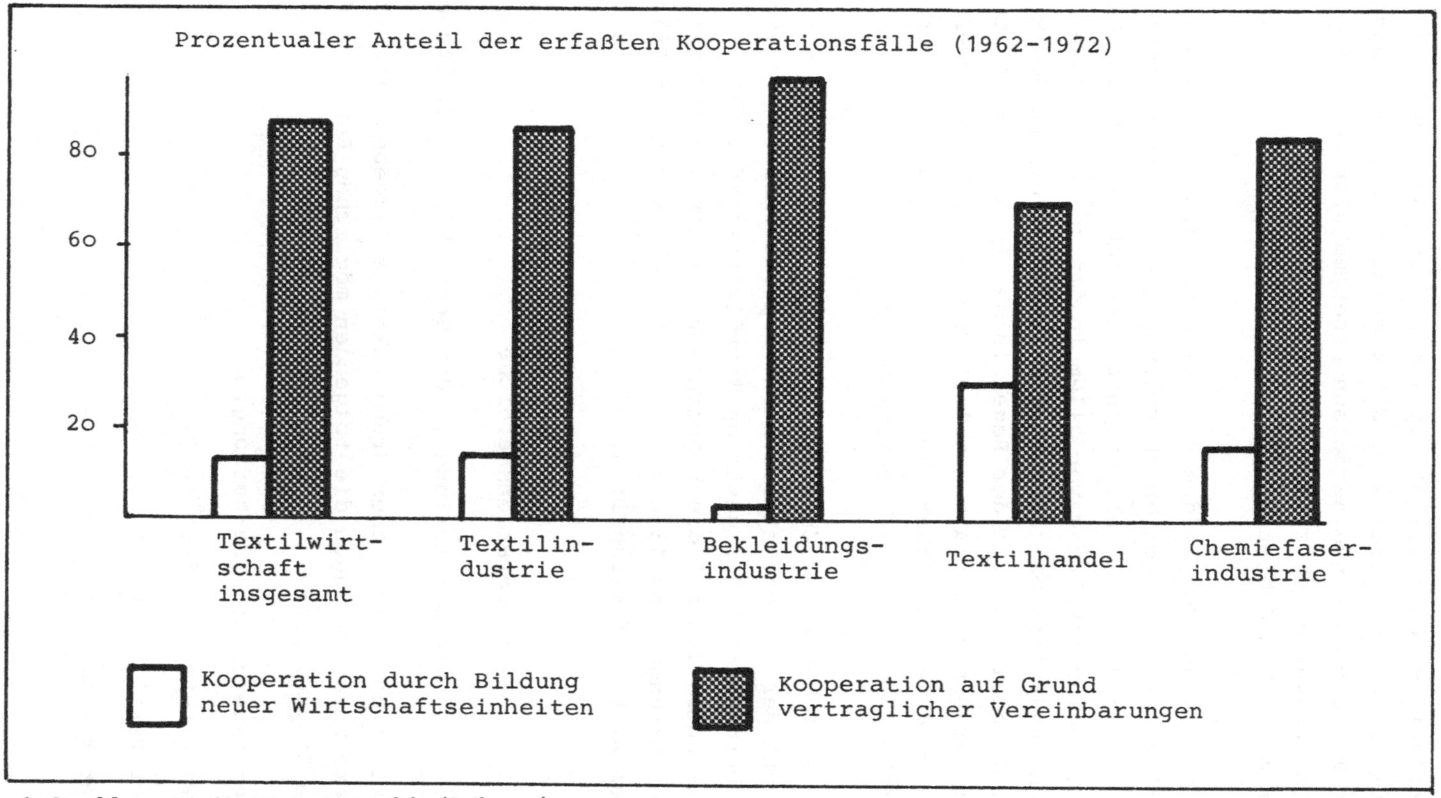

1 Quelle: Siehe Tabelle 24 (Anhang).

schaftseinheiten gebildet. Typische Kooperationen in diesem Industriezweig stellen z.B. die gemeinsame Kollektionsgestaltung mit großen Einzelhandelsunternehmen oder der gemeinsame Erfahrungsaustausch zwischen Konfektionären auf technischem oder modischem Gebiet dar.

Ein völlig anderes Bild ergibt sich für den Textilhandel. Hier tritt die Kooperation durch Bildung neuer Wirtschaftseinheiten mit 29,5 % der Fälle überdurchschnittlich häufig auf. Dies findet seine Erklärung vor allem in den zu Beginn unseres Beobachtungszeitraums gegründeten Einkaufsverbänden des Textileinzelhandels, die in der Regel in der Rechtsform der GmbH oder der Genossenschaft gebildet werden. Auf die Kooperation auf Grund vertraglicher Vereinbarungen entfallen dementsprechend 7o,5 % der Kooperationsfälle.

Für den Bereich der Chemiefaserindustrie entspricht die Verteilung der beiden untersuchten Kooperationsarten annähernd dem Durchschnitt der gesamten Textilwirtschaft. 85,o % der Fälle entfallen auf die Kooperation auf Grund vertraglicher Vereinbarungen und 15,o % auf die Kooperation durch Bildung neuer Wirtschaftseinheiten.

4.2.3.4 Die Kooperationsbereiche

4.2.3.4.1 Die Entwicklung in der Textilwirtschaft insgesamt

Gemäßt den betrieblichen Grundfunktionen ergeben sich für unsere Untersuchungen die folgenden möglichen Bereiche für eine Kooperation:

- Der Bereich der Beschaffung,
- der Bereich der Fertigung,
- der Bereich des Absatzes und
- der Bereich der Verwaltung.

Tabelle 25 (Anhang) gibt die Entwicklung dieser einzelnen Kooperationsbereiche in der Textilwirtschaft der BRD wieder. Dabei soll an dieser Stelle nicht auf die einzelnen Kooperationsmöglichkeiten innerhalb der einzelnen Bereiche eingegangen werden. Auf diesen Punkt werden wir im weiteren Verlauf der Arbeit noch näher eingehen.[48]

Den wichtigsten Kooperationsbereich stellt der Absatz dar. In 47,5 % der Fälle wird innerhalb dieser Funktion zusammengearbeitet. Von ähnlicher Bedeutung ist der Bereich der Fertigung. Er dient in 41,4 % der Fälle als Grundlage für die Zusammenarbeit der Unternehmen.

Im Vergleich zu den Kooperationsbereichen der Fertigung und des Absatzes spielen die übrigen Bereiche nur eine geringe Rolle. So entfällt auf die Beschaffung ein Anteil von 7,8 % und auf die Verwaltung ein Anteil von 3,3 %. Allerdings ist anzunehmen, daß gerade hier beträchtliche Dunkelziffern vorliegen. Dies rührt vor allem daher, daß Kooperationen im Bereich der Beschaffung und erst recht im Bereich der Verwaltung in der Regel weniger attraktiv sind und somit auch weniger an die Öffentlichkeit dringen. Wir müssen somit davon ausgehen, daß beide Kooperationsformen bei unserer Untersuchung unterrepräsentiert sind.

Betrachtet man die zeitliche Entwicklung der einzelnen Kooperationsbereiche während der Jahre 1962 bis 1972, so lassen sich nur leichte Verschiebungen bei der Verteilung der einzelnen Bereiche feststellen.

So bleibt der Anteil der Kooperationsfälle im Bereich des Absatzes während unseres Beobachtungszeitraums annähernd konstant. Er beträgt von 1962 bis 1972 stets etwa 45 bis 5o %.

Ähnlich konstant verläuft die Entwicklung im Bereich der Verwaltung. Sein Anteil liegt in der Regel zwischen 2 und 4 %, lediglich für 1967, 1968 und 1972 sinkt er auf Null ab.

Leichte Verschiebungen ergeben sich für die Bereiche der Beschaffung und der Fertigung. So ist der Anteil der Kooperationen innerhalb der Beschaffung von etwa 11 % (1962 bis 1966) auf etwa 4 % (1967 bis 1972) zurückgegangen. Dementsprechend hat die Kooperation im Bereich der Fertigung von etwa 37 % (1962 bis 1966) auf etwa 48 % (1967 bis 1972) zugenommen. Hier läßt sich also eine deutliche Zunahme der Kooperationen innerhalb der Fertigung feststellen, während die Kooperationen innerhalb der Beschaffung in entsprechendem Maße zurückgegangen sind.

4.2.3.4.2 Die Verteilung auf den einzelnen Stufen der Textilwirtschaft

Abbildung 4 gibt die Verteilung der Kooperationsbereiche auf den einzelnen Stufen der Textilwirtschaft wieder.

Betrachten wir zunächst die Stufen der Textilindustrie und der Bekleidungsindustrie. Für beide weichen die Verteilungen der Kooperationsbereiche nur leicht vom Durchschnitt der gesamten Textilwirtschaft ab. Während die Anteile der Kooperationen im Bereich der Beschaffung mit 3,4 % in der Textilindustrie und 3,2 % in der Bekleidungsindustrie etwas niedriger als in der gesamten Textilwirtschaft liegen, sind die Kooperationen im Bereich der Fertigung mit einem Anteil von 47,5 % in der Textilindustrie und 51,1 % in der Bekleidungsindustrie etwas häufiger vertreten. Innerhalb der Funktion des Absatzes wird in der Textilindustrie mit 46,1 % annähernd im gleichen Maße und in der Bekleidungsindustrie mit 42,5 % in etwas geringerem Maße als in der gesamten Textilwirtschaft zusammengearbeitet. Für den Bereich der Verwaltung entsprechen beide Industriezweige mit 3,o % bzw. 3,2 % der Fälle nahezu exakt

Abb. 4: Die Verteilung der Kooperationsbereiche auf den einzelnen Stufen der Textilwirtschaft der BRD[1]

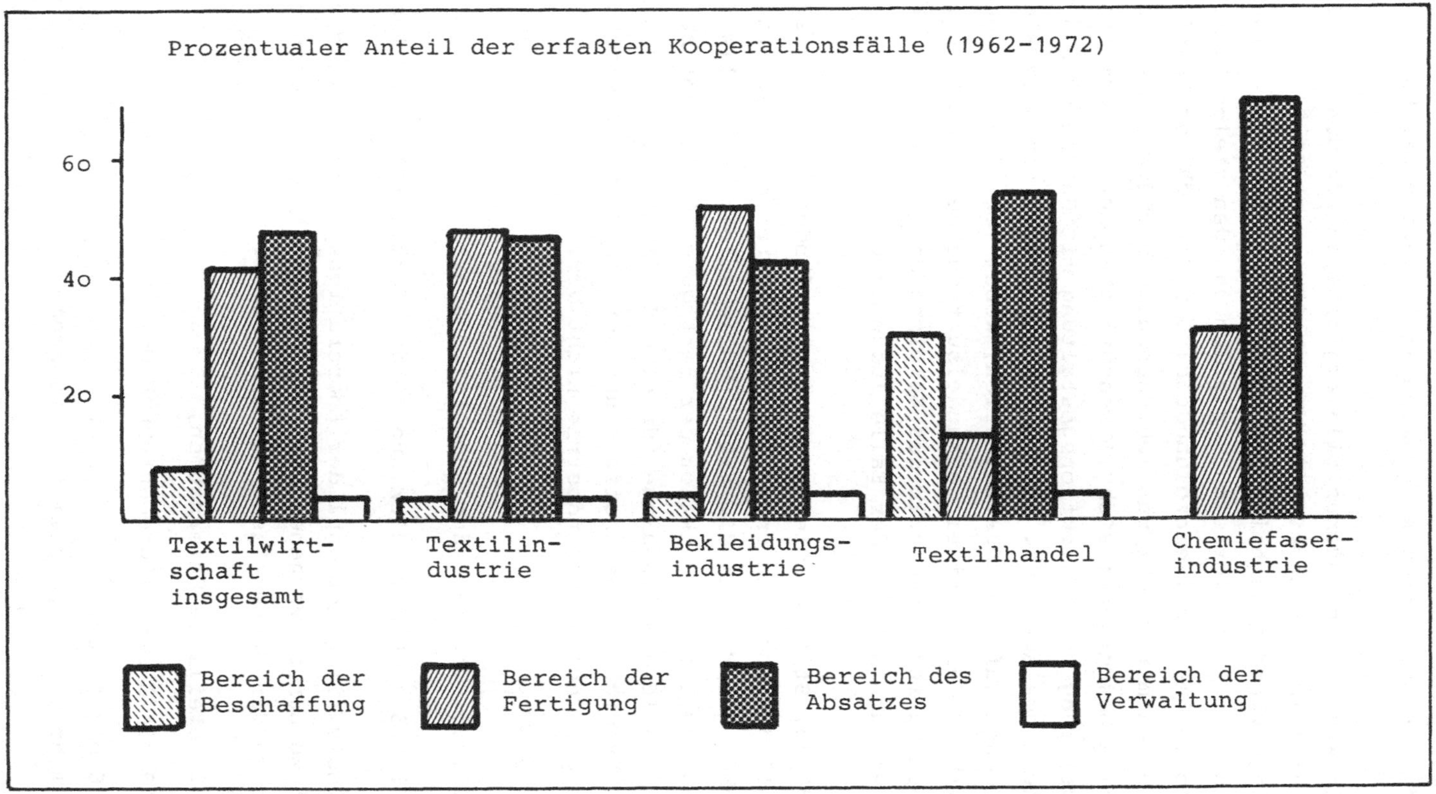

1 Quelle: Siehe Tabelle 26 (Anhang).

dem Durchschnitt des gesamten Wirtschaftsbereichs.

Ein wesentlich anderes Bild ergibt sich für den Textilhandel. Hier nimmt der Bereich der Beschaffung mit 29,7 % der Fälle einen überdurchschnittlich großen Raum ein. Dieser relativ hohe Anteil ergibt sich vor allem aus den vielen Einkaufsverbänden des Textileinzelhandels. Der Bereich der Fertigung ist dagegen mit 13,o % nur sehr schwach vertreten. Diese wenigen Fälle beschränken sich im wesentlichen auf die gemeinsame Musterung und Kollektionsgestaltung mit Unternehmen der Bekleidungsindustrie. Ein sehr hoher Anteil von 53,7 % entfällt dagegen auf die Absatzfunktion, wobei vor allem die gemeinsame Werbung der Textileinzelhandelsunternehmen von besonderer Bedeutung ist. Innerhalb des Bereichs der Verwaltung wird auch hier nur in 3,6 % der Fälle zusammengearbeitet.

Auf der Stufe Chemiefaserindustrie findet der überwiegende Teil der Kooperationen (69,2 %) im Bereich des Absatzes statt, wobei die Werbung die größte Rolle spielt. Ebenfalls von Bedeutung ist die Funktion der Fertigung. Sie bildet bei 3o,8 % der Fälle die Grundlage für eine Zusammenarbeit. Kooperationen im Bereich der Beschaffung und der Verwaltung kommen dagegen in der Chemiefaserindustrie nicht vor.

4.2.3.5 Die Zahl der Kooperationspartner

4.2.3.5.1 Die Entwicklung in der Textilwirtschaft insgesamt

Hinsichtlich der Zahl der Kooperationspartner wollen wir im einzelnen so vorgehen, daß wir bei den Kooperationen die folgenden Größenklassen unterscheiden:

- 2 beteiligte Unternehmen,
- 3 bis 5 beteiligte Unternehmen,
- 6 bis 1o beteiligte Unternehmen und
- mehr als 1o beteiligte Unternehmen.

Tabelle 27 (Anhang) gibt die Entwicklung dieser Größenklassen für die Kooperationen der Textilwirtschaft der BRD wieder.

Dabei wird deutlich, daß beim überwiegenden Teil der Kooperationen nur wenige Unternehmen zusammenarbeiten. So sind an 41,2 % der Fälle nur 2 Unternehmen und an 29,6 % der Fälle 3 bis 5 Unternehmen beteiligt. Während die Kooperationen mit 6 bis 1o Firmen noch einen Anteil von 18,1 % einnehmen, entfallen auf die Kooperationen mit mehr als 1o Unternehmen lediglich 11,1 % der Fälle.

Diese Tendenz zeigt sich auch bei der zeitlichen Entwicklung der einzelnen Größenklassen in den Jahren 1962 bis 1972. Während 1962 bis 1965 der Anteil der Kooperationen mit 2 beteiligten Unternehmen noch bei durchschnittlich 35 % liegt, beträgt er 1966 bis 1972 etwa 46 %. Die Kooperationsfälle mit 3 bis 5 beteiligten Unternehmen sind für die gleichen Zeiträume von etwa 28 % auf 31 % gestiegen.

Dementsprechend sind die Kooperationen mit 6 bis 1o beteiligten Firmen durchschnittlich von etwa 21 % (1962 bis 1965) auf etwa 16 % (1966 bis 1972) zurückgegangen. Ebenso hat sich zur gleichen Zeit der Anteil der Fälle mit mehr als 1o beteiligten Unternehmen von etwa 16 % auf 7 % verringert.

4.2.3.5.2 Die Verteilung auf den einzelnen Stufen der Textilwirtschaft

Die Verteilung dieser Größenklassen für die Kooperationen auf den einzelnen Stufen der Textilwirtschaft der BRD gibt Abbildung 5 wieder.

Für die Textilindustrie weicht die Verteilung nur leicht vom Durchschnitt der gesamten Textilwirtschaft ab. In 46,6 % der Fälle arbeiten nur 2 Unternehmen und in 3o,8 % der Fälle 3 bis 5 Unternehmen zusammen. Auf die übrigen beiden Größen-

Abb. 5: <u>Die Verteilung der Zahl der Kooperationspartner auf den einzelnen Stufen der Textilwirtschaft der BRD</u>[1]

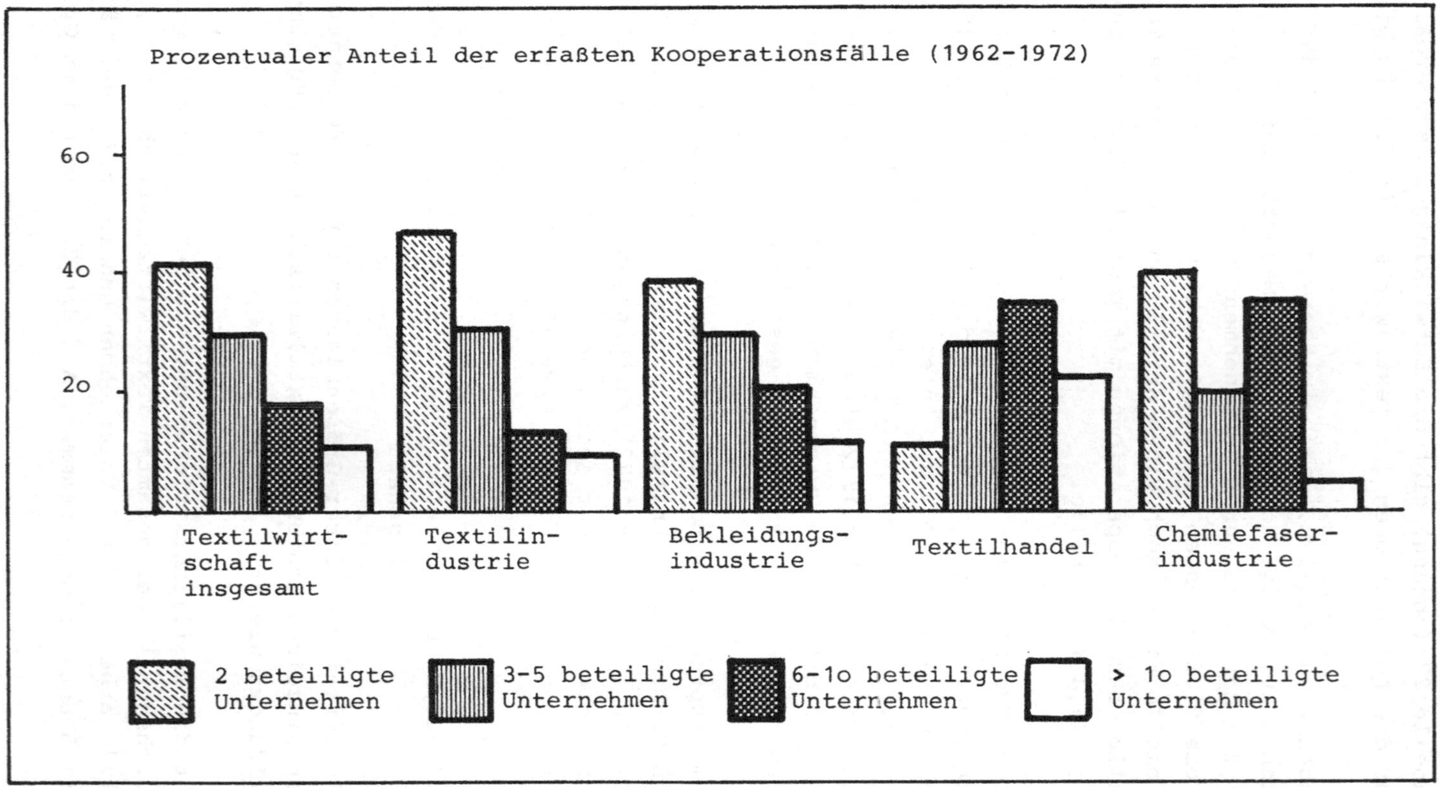

1 Quelle: Siehe Tabelle 28 (Anhang).

klassen entfallen 13,2 % und 9,4 % der praktizierten Kooperationen. Für die Textilindustrie liegt der Anteil der Kooperationen mit nur wenigen beteiligten Unternehmen demnach sogar noch höher als in der gesamten Textilwirtschaft.

In der Bekleidungsindustrie entfallen 38,4 % und 29,1 % der Fälle auf die beiden ersten Größenklassen. Kooperationen mit 6 bis 1o beteiligten Unternehmen besitzen hier einen Anteil von 2o,9 % und Kooperationen mit mehr als 1o beteiligten Unternehmen einen Anteil von 11,6 %. Diese Verteilung entspricht annähernd dem Durchschnitt der gesamten Textilwirtschaft, womit auch in der Bekleidungsindustrie die Kooperationen mit nur wenigen beteiligten Unternehmen überwiegen.

Ein wesentlich verändertes Bild ergibt sich für den Textilhandel. Mit 15,9 % nehmen hier die Kooperationen mit 2 beteiligten Unternehmen nur einen sehr geringen Raum ein. Die Größenklasse 3 bis 5 Unternehmen entspricht mit 27,3 % der Fälle annähernd dem Durchschnitt der gesamten Textilwirtschaft. Überdurchschnittlich stark vertreten sind dagegen die Kooperationen mit 6 bis 1o Unternehmen sowie mit mehr als 1o Unternehmen. Diese beiden machen 34,1 % und 22,7 % der Fälle aus. Dieser hohe Anteil der Kooperationen mit mehr als 1o beteiligten Unternehmen ist nicht zuletzt auf die vielen Einkaufsverbände des Textileinzelhandels zurückzuführen, bei denen teilweise bis zu 1oo Unternehmen zusammenarbeiten. Bei den Kooperationen mit 6 bis 1o beteiligten Unternehmen handelt es sich dagegen zu einem großen Teil um Werbegemeinschaften und Erfahrungsaustauschgruppen.

Während innerhalb der Chemiefaserindustrie Kooperationen mit 2 beteiligten Unternehmen 4o,o % der Fälle ausmachen und damit in etwa dem Durchschnitt der gesamten Textilwirtschaft entsprechen, weichen die übrigen Größenklassen von der durchschnittlichen Entwicklung ab. So entfällt auf die Kooperationen mit 3 bis 5 Unternehmen nur ein Anteil von 2o,o %, während die Kooperationen mit 6 bis 1o Unternehmen den überdurchschnittlich hohen Anteil von 35,o % einnehmen. Mehr als 1o beteiligte Unternehmen sind dagegen lediglich bei 5,o % der Fälle anzutreffen.

4.2.3.6 Nationale und internationale Kooperationen

4.2.3.6.1 Die Entwicklung in der Textilwirtschaft insgesamt

Als letzter Aspekt soll untersucht werden, bis zu welchem Ausmaß die Kooperationen ausschließlich zwischen Unternehmen der BRD stattfinden, und inwieweit neben den Unternehmen der BRD auch ausländische Unternehmen an den Kooperationen beteiligt sind. Dementsprechend sind für unsere Untersuchung zu unterscheiden:

- Nationale Kooperationen und
- internationale Kooperationen.

Die Entwicklung dieser beiden Kooperationsformen in der Textilwirtschaft der BRD gibt Tabelle 29 (Anhang) wieder.

Es wird deutlich, daß sich der überwiegende Teil der Kooperationen auf nationaler Ebene abspielt. So sind an 61,9 % der Fälle ausschließlich Unternehmen aus der BRD beteiligt. Allerdings treten die internationalen Kooperationen mit einem Anteil von 38,1 % unerwartet häufig auf. Demnach sind an etwa jeder dritten Kooperation in der Textilwirtschaft der BRD neben deutschen Unternehmen auch Unternehmen des Auslands beteiligt.

Hinsichtlich der einzelnen Herkunftsländer dieser Unternehmen haben wir bereits festgestellt, daß sie zum größten Teil aus der Europäischen Gemeinschaft und zu einem geringen Teil aus der Europäischen Freihandelszone, den Vereinigten Staaten von Amerika und in den letzten Jahren auch aus den Staatshandelsländern stammen.[49]

Die zeitliche Entwicklung dieser beiden Kooperationsformen verläuft während unseres Beobachtungszeitraums recht unterschiedlich. Während z.B. der Anteil der internationalen Kooperationen von 1962 bis 1965 durchschnittlich bei 45 % liegt, sinkt er während der Jahre 1966 bis 197o auf etwa 23 % ab und steigt 1971 und 1972 auf durchschnittlich 53 % wieder an.

Dementsprechend beträgt der Anteil der nationalen Kooperationen von 1962 bis 1965 etwa 55 %, steigt von 1966 bis 197o auf durchschnittlich 77 % der Fälle an und geht während der Jahre 1971 und 1972 wieder auf etwa 47 % zurück. Interessant an dieser Entwicklung ist, daß während der letzten beiden Jahre unseres Beobachtungszeitraums die Kooperationen auf internationaler Ebene überwiegen. Diese Entwicklung ist nicht zuletzt auf die verstärkten Kooperationsbemühungen zwischen Unternehmen der BRD und Unternehmen der Staatshandelsländer zurückzuführen.

4.2.3.6.2 Die Verteilung auf den einzelnen Stufen der Textilwirtschaft

Abbildung 6 zeigt, wie sich diese beiden Kooperationsformen innerhalb der Textilindustrie, der Bekleidungsindustrie, dem Textilhandel sowie der Chemiefaserindustrie verteilen.

Betrachten wir zunächst die Stufe der Textilindustrie. Für diesen Industriezweig ergibt sich in etwa eine ähnliche Verteilung der nationalen und internationalen Kooperationen wie für den gesamten Bereich der Textilwirtschaft. Während die Form der nationalen Kooperation 64,2 % der Fälle ausmacht, entfällt auf Kooperationen, an denen deutsche und ausländische Unternehmen beteiligt sind, ein Anteil von 35,8 %.

Ein leicht verändertes Bild ergibt sich für die Bekleidungsindustrie. Hier liegt der Anteil der internationalen Koope-

Abb. 6: Die Verteilung der nationalen und internationalen Kooperationen auf den einzelnen Stufen der Textilwirtschaft der BRD[1]

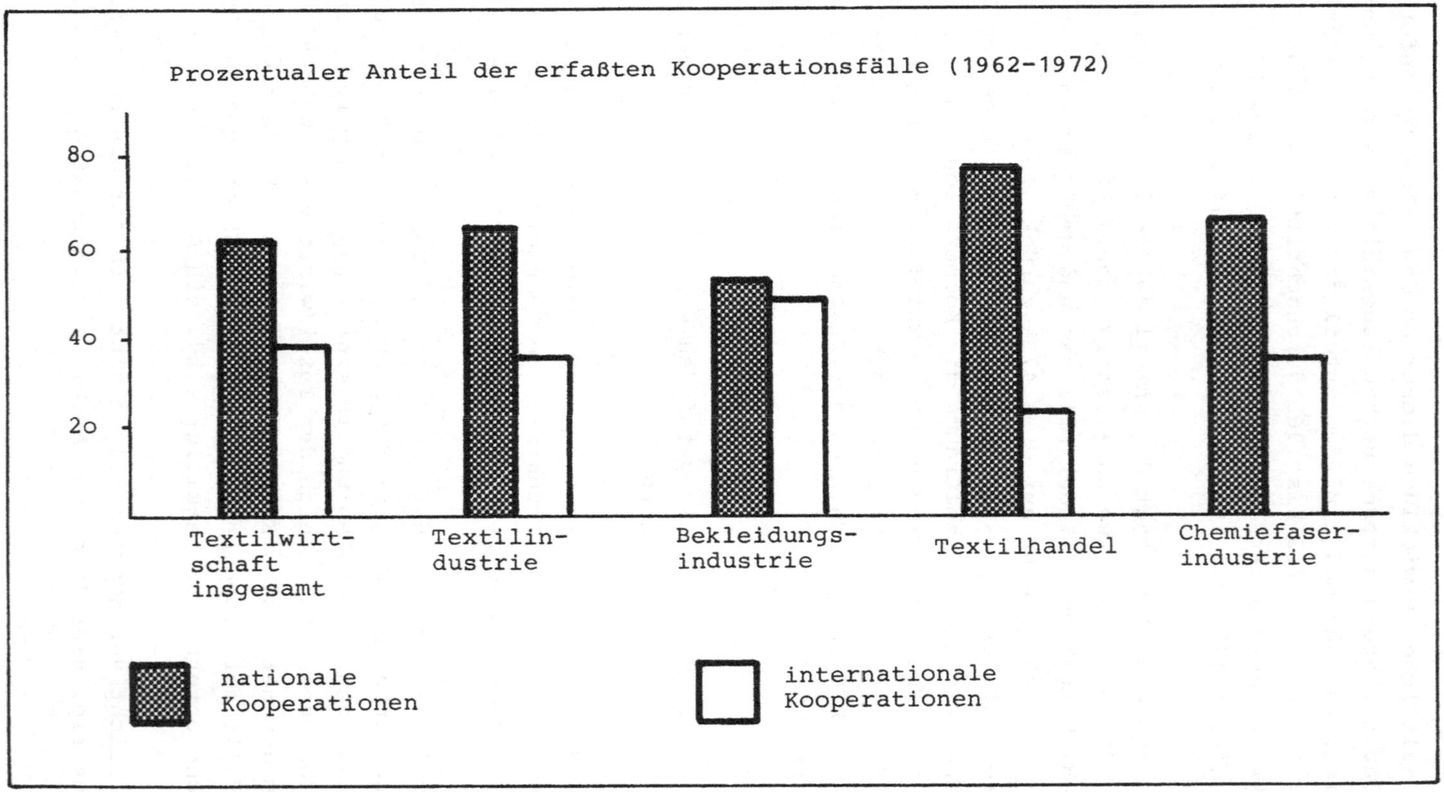

1 Quelle: Siehe Tabelle 3o (Anhang).

rationen mit 47,7 % wesentlich höher als der Durchschnitt der gesamten Textilwirtschaft. Dieser hohe Anteil ist vor allem in der relativ häufigen Zusammenarbeit zwischen deutschen Konfektionären und ausländischen Modeschöpfern sowie in den Lizenzverträgen zwischen deutschen und ausländischen Bekleidungsunternehmen begründet. Auf nationale Kooperationen entfällt in der Bekleidungsindustrie dementsprechend ein Anteil von 52,3 %.

Auf der Stufe des Textilhandels ist der Anteil der internationalen Kooperationen sehr niedrig. Er liegt bei 22,7 %. Man kann davon ausgehen, daß lediglich die großen Unternehmen des Handels mit ausländischen Unternehmen zusammenarbeiten. Auf nationale Kooperationen entfällt dementsprechend der hohe Anteil von 77,3 %.

Die Stufe der Chemiefaserindustrie weist ähnliche Verhältnisse wie die Textilindustrie auf. Auch hier entsprechen die nationalen Kooperationen mit einem Anteil von 65,o % sowie die internationalen Kooperationen mit einem Anteil von 35,o % in etwa dem Durchschnitt der gesamten Textilwirtschaft.

4.3 Fallstudien zur Kooperation in der Textilwirtschaft der BRD

4.3.1 Vorbemerkung

Nachdem wir im vorhergehenden Kapitel die Entwicklung der Kooperationsformen in der Textilwirtschaft der BRD seit Beginn der sechziger Jahre untersucht und die wichtigsten Schwerpunkte in dieser Entwicklung aufgezeigt haben, wollen wir im folgenden einige Fallstudien zur Kooperation behandeln.

Als Grundlage für diese Fallstudien dienen Kooperationen aus der Praxis der Textilwirtschaft der BRD. Das Material hierzu wurde aufgrund ausführlicher Interviews mit Herren aus der

Geschäftsleitung der beteiligten Unternehmen bzw. mit Herren beratender und unterstützender Institutionen zusammengestellt, die am Aufbau der jeweiligen Kooperationen maßgeblich beteiligt waren.

Da aus verständlichen Gründen einige Unternehmen nur unter der Bedingung Auskünfte erteilten, daß aus der Veröffentlichung nicht auf den konkreten Kooperationsfall geschlossen werden kann, wird im folgenden auf die namensmäßige Erwähnung der beteiligten Unternehmen verzichtet. Darüber hinaus werden die einzelnen Fälle so wenig wie möglich verändert, um die Vielfalt der praktischen Probleme der Kooperation sichtbar zu machen.

Bei der Behandlung der einzelnen Fallstudien werden wir auf folgende Aspekte besonderes Gewicht legen:

- Die speziellen Probleme der beteiligten Unternehmen,
- Konzeption der Kooperation,
- die Organisation der Zusammenarbeit sowie
- die wichtigsten Ergebnisse für die beteiligten Unternehmen.

Bei der Auswahl der jeweiligen Fälle haben wir darauf geachtet, daß einmal die wichtigsten Formen der Kooperation erfaßt werden und zum anderen Kooperationsfälle mit einem aktuellen Bezug zu den bereits skizzierten strukturellen Entwicklungen in der Textilwirtschaft der BRD behandelt werden.

Was die Berücksichtigung der einzelnen Stufen der Textilwirtschaft anbetrifft, so werden wir uns im wesentlichen auf die Bereiche der Textilindustrie sowie der Bekleidungsindustrie konzentrieren. Gerade für die Unternehmen dieser beiden Industriezweige bringt die Kooperation, wie wir sehen werden, noch relativ große Probleme mit sich.

Für die Unternehmen des Textilhandels ist dagegen der Gedanke der Kooperation seit längerem Allgemeingut geworden. Ihre ersten Bemühungen auf diesem Gebiet gehen bereits auf den Beginn dieses Jahrhunderts zurück.[50] Wie eine Untersuchung der Betriebswirtschaftlichen Beratungsstelle für den Einzelhandel in Köln zeigt, verfügt der weitaus größte Teil der Unternehmen des Textileinzelhandels der BRD über eine jahrelange Kooperationserfahrung.[51]

Ähnliches gilt für den Bereich der Chemiefaserindustrie. Auch hier kann der überwiegende Teil der Kooperationen als relativ problemlos angesehen werden. Bereits seit Jahren hat sich die Zusammenarbeit mit Unternehmen nachgelagerter Stufen auf dem Gebiet der Werbung bewährt, so daß auch für die Unternehmen dieses Industriezweiges die Durchführung einer Kooperation keine Schwierigkeiten mehr mit sich bringt. Typisches Beispiel hierfür bilden die Werbeaktivitäten für die Faser "Trevira", die seit Jahren von den Farbwerken Hoechst zusammen mit Unternehmen der Textilindustrie, der Bekleidungsindustrie und des Textilhandels durchgeführt werden.

Somit erscheint es sowohl für die Behandlung der Fallstudien als auch für die weiteren Schritte unserer Untersuchung gerechtfertigt, den Schwerpunkt auf die Unternehmen der Textil- und Bekleidungsindustrie zu legen.

4.3.2 Fallstudie 1: Kooperation zwischen Unternehmen der Auftragsveredlungsindustrie im Bereich der Forschung und Entwicklung

4.3.2.1 Die Ausgangssituation

Unsere erste Fallstudie betrifft 5 Unternehmen der textilen Auftragsveredlung aus Nordrhein-Westfalen und Baden-Württember.[52]

Insgesamt repräsentieren diese Unternehmen einen Umsatz von 19o Millionen DM und eine Belegschaft von ca. 3.7oo Beschäftigten (1972). Die Größe der zu diesen Firmen gehörenden Betriebsstätten schwankt dabei zwischen 18o und 1.8oo Beschäftigten.[53]

Das Produktionsprogramm der Unternehmen umfaßt die Leistungen der Stückveredlung, der Garnveredlung, der Beschichtung, der Teppichveredlung, des Textildrucks und der Bandveredlung.

Die Produktion erfolgt ausschließlich auftragsgebunden. Der Kundenkreis besteht aus ca. 1.ooo Firmen aus dem In- und Ausland, wobei etwa 15 % der Kunden 85 % der Umsätze tätigen.[54]

Die ersten Kooperationsgespräche dieser Firmen, die sich bereits aus der allgemeinen Verbandsarbeit kannten, gehen auf das Jahr 1963 zurück. Zu dieser Zeit stellte sich für die Unternehmen der Auftragsveredlungsindustrie vor allem die Aufgabe, angesichts der vermehrten Verarbeitung synthetischer Fasern sowie der zunehmenden Qualitätsanforderungen der Kunden jeweils den neuesten Stand der Technik für ihre Betriebe zu realisieren.[55]

Die Vielfalt der neuen Verfahren und Technologien im Bereich der Veredlung machte es für die Unternehmen immer schwieriger zu beurteilen, welche Investitionen angesichts der speziellen Situation ihrer Betriebe notwendig waren. Ferner überstiegen die erforderlichen Investitionen zum Teil die finanziellen Mittel, die den einzelnen Unternehmen zur Verfügung standen. Unsere Unternehmen sahen in der Kooperation eine wichtige Möglichkeit, diese auf sie zukommenden Probleme zu meistern.

4.3.2.2 Die Konzeption der Kooperation

Bei der Festlegung der Konzeption der Zusammenarbeit mußte berücksichtigt werden, daß bei den Firmen eine sehr enge Beziehung zu ihren Kunden bestand. Diese Beziehung durfte auf keinen Fall durch die Kooperation gestört werden. So wurden z.B. Musterentwicklungen im Auftrage der Kunden, Kundenakquisition und Auftragswerbung, Konditionen und Preisfestsetzungen von vornherein von der Kooperationsarbeit ausgeschlossen.

Somit ergaben sich als Ansatzpunkte für eine Kooperation:

- Der Bereich der Forschung und Entwicklung sowie
- der Bereich der betrieblichen Rationalisierung und Organisation.

Um den Erfolg der Zusammenarbeit soweit wie möglich zu gewährleisten, entschloß man sich zur Gründung eines Gemeinschaftsunternehmens, dem die Durchführung der Kooperationsaufgaben übertragen wurde. Als Rechtsform wählte man die GmbH. Gesellschafter waren die einzelnen an der Kooperation beteiligten Firmen, deren rechtliche sowie wirtschaftliche Selbständigkeit nach wie vor erhalten blieb.

Im Gesellschaftsvertrag war die Grundkonzeption dieser GmbH wie folgt festgelegt:

"1. Die Gesellschaft betreibt für die Gesellschafter die Planung und Durchführung von Forschungs-, Entwicklungs- und Rationalisierungsaufgaben sowie die Beratung der Unternehmensführungen. Die Gesellschafter können der Gesellschaft die Durchführung einzelner betrieblicher Aufgaben übertragen.

2. Die Gesellschaft kann auch einen eigenen Gewerbebetrieb eröffnen und zu diesem Zweck Grundstücke und Sachanlagen erwerben und Gebäude errichten. Sie kann im eigenen

Namen Patente und Lizenzen erwerben und veräußern und sich an anderen Unternehmen beteiligen.

3. Die Gesellschaft kann mit Zustimmung aller Gesellschafter auch andere Unternehmen an ihrer Tätigkeit gegen Entgelt beteiligen."[56]

Mit Hilfe dieser vertraglichen Vereinbarungen wurde die Konzeption der Gesellschaft im Hinblick auf ihre eigene wirtschaftliche Tätigkeit sowie die Beteiligung weiterer Gesellschafterfirmen bewußt breit angelegt.

Als Sitz der Gesellschaft wurde Düsseldorf gewählt. Die Kapitalausstattung beträgt 15o.ooo DM.

Die personelle Besetzung besteht aus einem Geschäftsführer, einem Sekretariat sowie einer Reihe von Mitarbeitern mit Stabsstellenfunktion für die Bereiche:

- Marktforschung,
- betriebliche Organisation,
- technische Verfahren,
- Meß- und Prüfwesen sowie
- Materialbeschaffung.[57]

Sämtliche Kosten, die bei der wirtschaftlichen Tätigkeit der Gesellschaft anfallen, werden von den einzelnen Gesellschaftern anteilig nach der Höhe ihrer Umsätze getragen.

4.3.2.3 Die Organisation der Kooperationsarbeit

Bei der Organisation der Kooperationsarbeit zwischen der Gesellschaft und den einzelnen Unternehmen ging man wie folgt vor:

Als oberstes Gremium fungiert die Gesellschafterversammlung. Ihre Hauptaufgabe besteht in der Beschlußfassung über grundsätzliche Angelegenheiten, wie z.B. die Gründung der Gesellschaft, die Abfassung der Verträge, die Aufnahme und den Ausschluß von Gesellschaftern, den Haushaltsplan und seine Finanzierung. In dieser Gesellschafterversammlung sind je ein Mitglied aus der Geschäftsleitung der einzelnen Firmen und der Geschäftsführer der Gesellschaft vertreten. Sämtliche Beschlüsse müssen einstimmig gefaßt werden.

Auf der zweiten Ebene arbeiten sogenannte Leitungsgruppen. Aufgabe dieser Gremien ist es, Entscheidungen für die Aufnahme bestimmter Projekte bzw. deren Vorrangigkeit und Reihenfolge zu treffen. Diese Leitungsgruppen werden jeweils von Mitgliedern des technischen und kaufmännischen Managements der einzelnen Unternehmen sowie dem Geschäftsführer der Gesellschaft gebildet. Die Beschlüsse müssen hier mit 3/4 Mehrheit gefaßt werden.

Auf der dritten und letzten Ebene fungieren sogenannte Arbeitsgruppen. Diese Gremien werden jeweils ad hoc für die einzelnen Projekte gebildet. Sie bestehen aus Spezialisten des kaufmännischen und technischen Mitarbeiterstabs der Unternehmen, sowie aus den Mitgliedern der Stabsabteilungen der Gesellschaft. Ihre Aufgabe ist es, bei den jeweiligen Projekten zur Lösung der technischen und ökonomischen Probleme beizutragen.

Koordiniert werden diese Gremien durch den Geschäftsführer und die einzelnen Stabsstellen der Gesellschaft. Die wichtigste Aufgabe dieser Stabsstellen besteht darin, jeweils für ihr spezielles Sachgebiet die Besprechungen der einzelnen Gremien vorzubereiten. Ferner fungieren sie als Sammel- und Verteilungsstelle für sämtliche anfallenden und durch die Gremien erarbeiteten Informationen.

4.3.2.4 Die durchgeführten Projekte der Kooperation

Im folgenden wollen wir untersuchen, welche speziellen Projekte im Rahmen dieser Kooperation durchgeführt worden sind.

Hier ergab sich als erstes, grundlegendes Projekt die systematische Dokumentation aller Informationen aus dem Bereich der Textilveredlung. Es wurden sowohl die ökonomischen Daten über diesen Industriezweig aufbereitet als auch sämtliche Informationen über die Entwicklung neuer Veredlungsverfahren und das Aufkommen neuer Farbstoffe und Textilhilfsmittel[58] erfaßt.

Aufbauend auf dieser Dokumentation ging man in einem weiteren Schritt daran, die neuen Verfahren auf ihre Eignung für die Produktion der Unternehmen zu überprüfen. Es wurde untersucht, inwieweit die neuen Technologien in der Lage waren, die Qualität der Veredlungsleistungen zu verbessern und die Wirtschaftlichkeit der Betriebe zu erhöhen.

Die Gesellschaftsfirma war damit in der Lage, jederzeit den Unternehmen entsprechende Entscheidungsunterlagen für anfallende Investitionsentscheidungen bereitzustellen.

In ähnlicher Weise führte man Produktprüfungen und Wertanalysen bei Farbstoffen und Textilhilfsmitteln durch. Auch hier wurden für die einzelnen Unternehmen Informationen darüber bereit gehalten, welche der neuen Materialien von der Qualität und vom Preis her die beste Alternative darstellten. Dies führte zu einer Bereinigung der Sortimente der einzelnen Firmen. In vielen Fällen konnte auf Grund der Prüfungsergebnisse die Skala der bisher verwendeten Farbstoffe und Textilhilfsmittel drastisch eingeschränkt werden. Günstigere Konditionen auf den Beschaffungsmärkten und eine rationellere Lagerhaltung waren die Folge.

Parallel zu den technologischen Untersuchungen wurden jährlich Betriebsvergleiche zwischen den einzelnen Unternehmen der

Gruppe durchgeführt. Gegenstand dieser Vergleiche waren Ziffern der Bilanz, der Erfolgsrechnung, der Kalkulation, der Personalstruktur sowie des Produktionsprogramms und der Kundenstruktur.

Mit Hilfe dieser Zahlen ließen sich Schwachstellen in den einzelnen Firmen feststellen und Ansatzpunkte für Rationalisierungsmaßnahmen und die Behebung von Fehlerquellen aufzeigen. So wurde z.B. durch diesen Betriebsvergleich der Anstoß zur Verbesserung des Rechnungswesens innerhalb der einzelnen Unternehmen geschaffen. Es hatte sich gezeigt, daß das alte Rechnungswesen nicht in der Lage war, alle erforderlichen Daten rechtzeitig und präzise bereitzustellen. Auf Anregung der Gesellschaft ging man dazu über, EDV-Anlagen aufzubauen und die entsprechenden Programme zu entwickeln.

Ein weiteres wichtiges Projekt bestand im Aufbau einer Farbmetrik-Organisation für die Unternehmen der Kooperation, auf das wir im folgenden näher eingehen wollen.[59]

Insgesamt müssen von den Firmen täglich 5oo bis 55o Färbepartien unterschiedlicher Größe gefärbt werden. Davon entfallen 6o bis 7o % auf bereits rezeptierte Farbstellungen. Bei dem Rest handelt es sich dagegen um neue Farbstellungen, für die eigens Farbrezepturen erstellt werden müssen. Erfahrungsgemäß sind 3 bis 5 Versuche erforderlich, um ein neues Farbrezept zu treffen. Geht man von Kosten in Höhe von 1o,- DM pro Versuch und einer durchschnittlichen Zahl von 4,5 Versuchen aus, so ergeben sich Rezeptkosten von 45,- DM für eine neue Farbstellung.

Ausgehend von diesen Daten entschloß man sich zum Aufbau einer Farbmetrik-Organisation, mit einer Reihe von Meßstellen in den einzelnen Betrieben der Gruppe sowie einer Zentrale.

Die jeweiligen betrieblichen Meßstellen bestehen im wesentlichen aus einem Farbmeßgerät sowie aus einem Terminal zur

Ein- und Ausgabe von Daten. Mit Hilfe dieser Meßstellen werden die Coloristen der einzelnen Betriebe in die Lage versetzt, bei neuen Farbrezepten die zugrunde liegenden Farbvorlagen in Meßdaten umzusetzen und diese zusammen mit Angaben über die zu färbenden Partien an die Zentrale weiterzuleiten.

Die Zentrale umfaßt Einrichtungen zur Durchführung von Probefärbungen, ein Farbmeßgerät sowie eine Datenverarbeitungsanlage mit einer Farbstoffdaten-Bibliothek. Sobald die Daten aus den betrieblichen Meßstellen eintreffen, werden von der Zentrale optimierte Rezepte und Rezeptalternativen ermittelt und auf Abruf bereitgehalten.

Auf diese Weise ließen sich die Kosten für ein neues Farbrezept bei z.B. 15o Färbungen pro Tag auf 1o,- DM pro Rezept herabsenken.[6o] Ein solch günstiger Kostenwert hätte sich bei der relativ niedrigen Rezeptzahl, die in einem einzelnen Unternehmen täglich anfallen, ohne den Weg der Kooperation nicht realisieren lassen.

Außer dieser recht hohen Kostenersparnis bei der Erstellung neuer Rezepturen ergaben sich aus der Farbmetrik-Organisation eine Reihe von weiteren Vorteilen, die sich nicht quantifizieren lassen. Im einzelnen waren dies:

- Die Befreiung der Coloristen in den einzelnen Betrieben von Routinearbeit,
- die schnellere Verfügbarkeit alternativer Rezeptinformationen,
- die geringere Zahl von Nachfärbungen,
- die geringere Zahl von Retouren von seiten der Kundschaft sowie
- die Straffung des Sortiments an Farbstoffen.[61]

Alle diese Faktoren führten zu einer Reihe von weiteren Kosten ersparnissen für die jeweiligen Mitgliedsfirmen der Kooperatio

4.3.2.5 Die wichtigsten Schlußfolgerungen

Als wichtigstes Ergebnis dieser Kooperation läßt sich im wesentlichen folgendes hervorheben:

Die Kooperation führte zu einer systematischen Versorgung der beteiligten Firmen mit Informationen auf technischem und ökonomischem Gebiet. Die Geschäftsleitungen in den einzelnen Unternehmen wurden in die Lage versetzt, betriebliche Entscheidungen schneller und sachgerechter zu treffen.

Ferner brachte die Kooperation eine Reihe von Rationalisierungsmaßnahmen sowohl auf technischem als auch auf ökonomischem Gebiet mit sich, so z.B. die Farbmetrik-Organisation, die zu einer bedeutenden Kostenersparnis für die jeweiligen Unternehmen führte.

Für die Kunden der Unternehmen zeigte sich der Erfolg der Kooperation vor allem in einer Verbesserung des Leistungsangebots. Die Firmen waren in der Lage, bessere Problemlösungen sowie eine höhere Qualität ihrer Leistungen anzubieten. Auf diese Weise wurde die enge Verbindung zu den einzelnen Kunden noch weiter vertieft, so daß sich allmählich ein Wettbewerbsvorsprung gegenüber den Konkurrenten ausbauen ließ.

Fragt man nach den ausschlaggebenden Kriterien für das Gelingen dieser Kooperation, so sind vor allem zwei Punkte besonders zu erwähnen:

Einmal fiel dem Geschäftsführer der Kooperation eine entscheidende Rolle zu, der von unabhängiger Warte aus, die einzelnen Kooperationsprojekte koordinieren und Konflikte zwischen den beteiligten Unternehmen und ihren Mitarbeitern auszugleichen vermochte.

Zum anderen war es von besonderer Bedeutung, daß im Rahmen dieser Kooperation gezielt Mitarbeiter verschiedener Führungsebenen in die Kooperationsarbeit miteinbezogen wurden. Auf diese Weise konnte sichergestellt werden, daß die einzelnen Kooperationsprojekte auch innerhalb der einzelnen Unternehmen unterstützt und vorangetrieben wurden.

4.3.3 Fallstudie 2: Kooperation zwischen Unternehmen der Tuch- und Kleiderstoffindustrie im Bereich der Werbung

4.3.3.1 Die Ausgangssituation

Die zweite Fallstudie befaßt sich mit 3 Unternehmen der Tuch- und Kleiderstoffindustrie aus Nordrhein-Westfalen.[62]

Insgesamt repräsentieren diese Firmen einen Umsatz von ca. 9o Millionen DM und eine Belegschaft von etwa 1.4oo Beschäftigte (1972).

Das Produktionsprogramm der Firmen umfaßt zum größten Teil Stoffe für Herren- und Knabenoberbekleidung und zu einem geringen Teil Stoffe für Damenoberbekleidung. Die Kollektionen der einzelnen Unternehmen sind so gelagert, daß sie nicht in Konkurrenz zueinander stehen, sondern sich im wesentlichen ergänzen. Es handelt sich ausschließlich um Tuche gehobener Qualität.

Die ersten Kooperationsbemühungen dieser Unternehmen gehen auf das Jahr 1965 zurück. In dieser Zeit ergaben sich für die Unternehmen der Tuch- und Kleiderstoffindustrie der BRD durch die zunehmende Zahl der Importe aus Niedrigpreisländern sowie aus Ländern der Europäischen Gemeinschaft, insbesondere aus Italien, eine Reihe von Problemen. Dabei machte vor allem der niedrige Preis der importierten Tuche den Unternehmen schwer zu schaffen. Diese Stoffe waren zwar den deutschen Tuchen qualitätsmäßig bei weitem unterlegen, doch in vielen Fällen war dieser Unterschied den Abnehmern, d.h. den Konfektionären, dem Einzelhandel und vor allem dem Endverbraucher beim Kauf nicht genügend bewußt.

Die Unternehmen erkannten sehr bald, daß in der Werbung eine wichtige Möglichkeit bestand, die Abnehmer über den hohen Qualitätsstandard ihrer Tuche zu informieren. Mit Hilfe der Werbung konnte man auf die besonderen Vorteile einer höheren Qualität, wie z.B. problemloses Verarbeiten, gutes Aussehen und hervorragende Trageeigenschaften, hinweisen und sich so gegenüber den Produkten der Importkonkurrenz abheben. Allerdings überstiegen die für eine erfolgreiche Werbung erforderlichen finanziellen Mittel bei weitem die Möglichkeiten eines einzelnen Unternehmens. Als Ausweg aus diesem Dilemma bot sich die gemeinsame Werbung im Wege der Kooperation an.

4.3.3.2 Die Konzeption der Kooperation

Als mögliche Ansatzpunkte für eine derartige Zusammenarbeit ergaben sich somit:

- Die Schaffung eines gemeinsamen Markenzeichens sowie
- die Durchführung gemeinsamer Werbeaktivitäten.

Die ursprüngliche Konzeption der Kooperation sah folgendermaßen aus: Es wurde ein Gremium gebildet, das über alle grundsätzlichen Fragen der Kooperationsarbeit, wie z.B. die Höhe des zur Verfügung stehenden Werbeetats, zu entscheiden hatte. Mitglieder dieses Gremiums waren die Geschäftsführer der einzelnen Firmen. Die Beschlüsse mußten einstimmig gefaßt werden.

Alle anfallenden Kosten der Kooperation waren von den einzelnen Unternehmen nach der Höhe ihrer getätigten Umsätze anteilig zu übernehmen.

Für die eigentliche Durchführung der Kooperation waren die Verkaufsleiter der Unternehmen verantwortlich. Sie traten zu regelmäßigen Gesprächen zusammen, um ihre Aktivitäten auf dem Gebiet der Werbung abzustimmen und eine einheitliche Werbekonzeption aufzubauen. In einem ersten Schritt entwickelte man mit Hilfe einer Werbeagentur ein gemeinsames Markenzeichen. Durch dieses Markenzeichen sollte auf die besondere Qualität der Stoffe der Firmengruppe hingewiesen werden.

Alle Stoffe, die dieses Zeichen trugen, mußten einer ständigen Kontrolle durch ein unabhängiges staatliches Prüfamt unterzogen werden. Dabei stellte man bestimmte Kriterien für die Qualität dieser Tuche auf, die auf keinen Fall unterschritten werden durften. So wurden z.B. feste Anforderungen an die Lichtechtheit, die Reibechtheit, die Knitterfestigkeit und Krumpfechtheit der Stoffe gestellt, die sowohl eine problemlose Verarbeitung als auch außergewöhnlich gute Trageeigenschaften garantierten.

Mit diesem Qualitätssiegel sollte vor allem der Endverbraucher als Zielgruppe angesprochen werden. Dies geschah durch gezielte Anzeigenkampagnen in der Presse sowie durch Etiketten, die in die fertigkonfektionierten Teile eingenäht wurden. Auf diese Weise versuchte man, den Bekanntheitsgrad der Tuche beim Konsumenten zu erhöhen, und ihn in Bezug auf seine Kleidung qualitätsbewußter zu machen.

Allerdings tauchten bei dieser Konzeption schon bald Probleme auf. Es stellte sich heraus, daß es äußerst schwierig war, den Konsumenten erfolgreich mit Hilfe der Werbung anzusprechen. Zum einen reichte der Werbeetat der Gruppe nicht aus, um mit Hilfe von Anzeigen in der Presse die erforderliche Zahl von Werbekontakten zu schaffen. Zum anderen war der Konsument nur sehr schwer mit Hilfe der Einnähetiketten zu erreichen, da die Konfektionäre es ablehnten, zusätzlich zu ihrem eigenen Etikett das Zeichen der Tuchweber in die fertigen Teile einzunähen.

Ein weiteres Problem ergab sich bei der Koordination der Werbeaktivitäten der einzelnen Unternehmen. Es war für die Verkaufsleiter äußerst schwierig, neben ihrer täglich anfallenden Routinearbeit noch Zeit für die Belange der Kooperation zu finden. So wurden in der Regel zu Zeiten starker Beanspruchung die Aufgaben der Kooperation vernachlässigt.

Diese Schwierigkeiten veranlaßten die Firmen bereits nach kurzer Zeit zu einer Überprüfung und Revision der ursprünglichen Konzeption ihrer Zusammenarbeit.

Man kam darin überein, eigens für die Kooperationsarbeit einen hauptamtlichen Geschäftsführer einzustellen. Aufgabe dieses Geschäftsführers war es, die einzelnen Projekte der Kooperation durchzuführen und die Werbeaktivitäten der Unternehmen zu koordinieren. Auf diese Weise ließ sich die Inanspruchnahme der einzelnen Verkaufsleiter durch die Kooperation wesentlich verringern.

Ferner entschloß man sich, nicht mehr den Endverbraucher unmittelbar anzusprechen, sondern eine andere Zielgruppe zu wählen. Als Alternativen boten sich sowohl die Bekleidungsindustrie als auch der Textileinzelhandel an.

Die Bekleidungsindustrie schied als Zielgruppe in sofern aus, als man davon ausgehen konnte, daß die Mitglieder dieser Stufe bereits relativ gut über das Produktionsprogramm der Unternehmen informiert waren und außerdem weniger durch Qualitätsargumente als vielmehr durch Preisargumente zu überzeugen waren.

Anders verhielt sich dagegen der Einzelhandel. Gespräche mit namhaften Firmen machten deutlich, daß die Unternehmen dieser Stufe relativ wenig über die Kollektionen der Firmengruppe unterrichtet waren. Ferner zeigten sie sich allgemein qualitätsbewußter als die Unternehmen der Bekleidungsindustrie.

Im Vergleich zu den Endverbrauchern bot der Einzelhandel den Vorteil, daß er eine bedeutend kleinere Zielgruppe darstellte und auf Grund seiner größeren Sachkenntnis wesentlich weniger Werbekontakte erforderte.

Bei der Ansprache dieser Zielgruppe gingen die Unternehmen wie folgt vor:

Zweimal im Jahr werden 8o namhafte Firmen des Textileinzelhandels vom Geschäftsführer der Verbundgruppe zu Kontaktgesprächen persönlich aufgesucht. Zu diesen gehören die bedeutendsten Einzelhandelsgeschäfte aus dem Haka- und DOB-Sektor sowie die maßgeblichen Kauf- und Versandhäuser. Die Gespräche finden sowohl mit den zuständigen Einkäufern als auch mit Leuten aus der Geschäftsleitung statt. Hauptgegenstand dieser Gespräche ist die Vorlage der Kollektionen unter dem gemeinsamen Markenzeichen der Firmengruppe.

Der Einzelhandel soll auf diese Weise über das Angebot der Firmen unterrichtet und zugleich um Kritik gebeten werden. Die Gespräche dienen damit neben der Werbung auch dazu, die jeweilige Entwicklung des Marktes zu beobachten und neue Anregungen für die Gestaltung der Kollektionen zu sammeln. Die Geschäftsleitungen der Firmengruppe werden systematisch über die Ergebnisse dieser Gespräche informiert.

Darüber hinaus sendet man zweimal im Jahr weiteren 4oo Textileinzelhandelsgeschäften Auszüge aus den jeweiligen Kollektionen und versucht mit Hilfe von beigefügten Fragebogen die Meinung dieser Firmen über die Kollektionen zu erfahren.

Parallel zu diesen Aktivitäten erfolgt eine Ansprache des Einzelhandels mit Hilfe der Anzeigenwerbung. Dabei beschränkt man sich auf das Medium der Fachpresse. Gegenstand dieser Anzeigen ist das gemeinsame Markenzeichen der Firmengruppe mit einem Hinweis auf die besondere Qualität dieser Tuche.

Mit Hilfe dieser Werbeaktivitäten, die in diesem Ausmaß für ein einzelnes Unternehmen schon allein aus Kostengründen nicht durchführbar gewesen wären, gelang es den Unternehmen, systematisch den Einzelhandel über die Qualität und die sich daraus ergebenden Vorteile ihrer Tuche zu informieren.

Die Folge war, daß die Konfektionäre in verstärktem Maße von Seiten des Einzelhandels veranlaßt wurden, die Tuche der Firmengruppe zu verarbeiten.

4.3.3.3 Die wichtigsten Schlußfolgerungen

Auf diese Weise hatten die Unternehmen einen Weg gefunden, trotz eines eng begrenzten Werbebudgets, den Absatzmarkt für ihre Tuche erfolgreich zu bearbeiten. Die Verkäufer der Unternehmen trafen bei ihren Verkaufsgesprächen mit den Konfektionären auf einen sehr gut vorbereiteten Markt, der von der Gängigkeit und der Qualität ihrer Tuche überzeugt war.

Damit war es diesen Unternehmen gelungen, sich wirksam von den Angeboten der Niedrigpreisländer abzusetzen und ihre Position am Markt zu festigen. Ferner war man in der Lage, durch den engen Kontakt mit den nachgelagerten Stufen sich relativ schnell neuen Entwicklungen des Marktes anzupassen.

Der besondere Erfolg der Zusammenarbeit der Unternehmen läßt sich vor allem auf zwei Punkte zurückführen:

Einmal war es von besonderer Bedeutung, daß speziell für die Verbundarbeit ein Geschäftsführer eingestellt wurde, der sich hauptamtlich um sämtliche Belange der Kooperation kümmern konnte. Nur so war eine reibungslose Durchführung der jeweiligen Werbeaktivitäten gewährleistet.

Zum anderen war es entscheidend, daß für die einzelnen Werbemaßnahmen der Unternehmen der richtige Ansatzpunkt gewählt wurde. Es zeigte sich, daß weder die Bekleidungsindustrie als unmittelbar nachgelagerte Stufe noch der Endverbraucher den richtigen Ansatzpunkt für eine wirkungsvolle Werbung bildeten. Unter Berücksichtigung der zur Verfügung stehenden finanziellen Mittel konnte nur die Ausrichtung sämtlicher Werbeaktivitäten auf die Stufe des Einzelhandels den gewünschten Erfolg garantieren.

4.3.4 Fallstudie 3: Kooperation zwischen Unternehmen der Herrenoberbekleidungsindustrie im Bereich des Exports für den britischen Markt

4.3.4.1 Die Ausgangssituation

Unsere dritte Fallstudie betrifft 15 Unternehmen der Herrenoberbekleidungsindustrie aus Nordrhein-Westfalen, Baden-Württemberg, Hessen und Bayern.[63]

Es handelt sich bei diesen Firmen um typisch mittelständische Unternehmen. Die Beschäftigtenzahl der einzelnen Betriebsstätten liegt zwischen 16o und 1.5oo Arbeitern und Angestellten.

Die einzelnen Produktionsprogramme der Unternehmen reichen von Anzügen, Sakkos und Hosen über Hemden und Strickwaren bis zu Krawatten, Schals und Kleinlederwaren. Die jeweiligen Kollektionen sind so gelagert, daß sie sich nicht überschneiden, sondern zu einem Bedarfsbündel ergänzen.[64]

Die ersten Kontakte dieser Unternehmen gehen auf den Beginn des Jahres 1972 zurück. Angesichts der immer stärker werdenden Importkonkurrenz auf dem Markt für Oberbekleidung stellte sich für diese Unternehmen die Aufgabe, auch ihrerseits in verstärktem Maße ausländische Märkte zu erschließen.

Bisher lag die durchschnittliche Exportquote im Bereich der Herren-Knaben-Oberbekleidungsindustrie bei lediglich 1o % der Jahresumsätze. Um den Rückgang der Verkäufe im Inland auszugleichen, mußte versucht werden, diesen Anteil zu erhöhen.

Es bestand bereits seit Jahren beim Verband der Deutschen Herren-Knaben-Oberbekleidungsindustrie ein Arbeitskreis Außenhandel, dessen Aufgabe es war, für exportierende Mitgliedsfirmen Marktinformationen zur Verfügung zu stellen, Auslandsverbindungen zu schaffen und Messebeteiligungen im Ausland zu organisieren.

Allerdings hatte die Erfahrung gezeigt, daß es für ein einzelnes Unternehmen äußerst schwierig war, erfolgreich auf einem ausländischen Markt Fuß zu fassen. In der Regel waren die erforderlichen Erschließungskosten so hoch, daß sie von einem mittelständischen Unternehmen nicht aufgebracht werden konnten.[65]

Auf Grund dieser Probleme war in dem Arbeitskreis die Idee entstanden, zwischen mehreren Unternehmen eine Exportgemeinschaft zu gründen, um auf diese Weise die Exportbemühungen auf eine breite finanzielle Basis zu stellen. Der Anstoß zur Realisierung dieser Idee bildete der bevorstehende Beitritt Großbritanniens zur Europäischen Gemeinschaft. Damit bot sich ein ausländischer Markt an, auf dem die deutsche Bekleidungsindustrie bisher nur wenig vertreten war.

Nach einer Reihe von Gesprächen fanden sich gegen Ende des Jahres 1972 15 Unternehmen der Herren-Knaben-Oberbekleidungsindustrie zur Gründung einer solchen Exportgemeinschaft zusammen.

4.3.4.2 Die Konzeption der Kooperation

Die wichtigsten Aufgaben, die diese Exportgemeinschaft für ihre Mitglieder übernehmen sollte, lassen sich im einzelnen wie folgt skizzieren:

- Der Aufbau eines ausländischen Verkaufsbüros und die Kontaktaufnahme mit ausländischen Abnehmern,
- die Übernahme von Auftragsbuchungen,
- die Durchführung der Auslandskorrespondenz,
- die Übernahme des Zahlungsrisikos bei insolventen Auslandskunden,
- die Vermittlung von Informationen über den ausländischen Markt sowie
- die Beratung bei der Erstellung der Exportkollektionen.

Hinsichtlich der Rechtsform dieser Exportgemeinschaft entschloß man sich zur Gründung einer Gesellschaft des bürgerlichen Rechts. Im Gesellschaftsvertrag wurde im einzelnen folgendes festgelegt:[66]

Als Gesellschafter fungieren 15 Firmen aus der Herren-Knaben-Oberbekleidungsindustrie, die mit jeweils einem vollen bzw. halben Anteil an der Gesellschaft beteiligt sind. Die entstehenden Kosten der Gesellschaft werden gemäß diesem Anteil von den Gesellschaftern übernommen.

Jedes Mitglied verpflichtet sich, nicht vor Ablauf von drei Jahren aus der Gesellschaft auszuscheiden.

Als oberstes Gremium der Gesellschaft fungiert die Gesellschafterversammlung mit einem Vorsitzenden und einem Stellvertreter. Ihrer Zuständigkeit unterliegen:

- Die Wahl des Beirats,

- die Beschlußfassung über den Jahresetat der Gesellschaft und die Verteilung der Kosten,
- die Beschlußfassung über Änderungen des Gesellschaftsvertrages sowie
- die Beschlußfassung über Auflösung und Liquidation der Gesellschaft.

Die Beschlüsse der Gesellschaft werden mit 3/4 Mehrheit der Stimmen gefaßt. Jeder Gesellschafter hat gemäß seinem Anteil eine volle bzw. eine halbe Stimme. Die Gesellschafterversammlung ist beschlußfähig, wenn 2/3 der Gesellschafter vertreten sind.

Zur Durchführung der Kooperationsarbeit gründet die Gesellschaft in Großbritannien eine Verkaufsgesellschaft unter dem Namen "C.F.C. - Cologne Fashion Club Ltd.". Sämtliche Kosten dieser englischen Verkaufsgesellschaft werden von der deutschen Gesellschaft erstattet. Ihre Geschäftsführung wird von den Mitgliedern des Beirats der deutschen Gesellschaft überwacht.

Für alle Lieferungen der Gesellschafter auf dem britischen Markt erhebt die Verkaufsgesellschaft eine Provision von 7,5 % auf den Fabrikpreis. Allerdings werden diese Provisionen auf den Grundbeitrag angerechnet, so daß sie erst dann abzuführen sind, wenn der Grundbeitrag überschritten wird.

Mit diesen vertraglichen Vereinbarungen war zugleich der Hauptträger der eigentlichen Kooperationsarbeit in Gestalt der Verkaufsgesellschaft in Großbritannien näher umrissen worden.

Für die Geschäftsführung der Verkaufsgesellschaft konnte ein Fachmann gewonnen werden, der bereits vor Jahren für eine italienische Konfektionsfirma den britischen Markt erschlossen hatte und somit über die notwendigen Kenntnisse dieses Marktes sowie über entsprechende Beziehungen zum britischen Einzelhandel verfügte. Diesem Geschäftsführer fiel damit die Rolle einer Schlüsselfigur für den Erfolg der gesamten Kooperation zu.

4.3.4.3 Die durchgeführten Projekte der Kooperation

Eine der ersten Aufgaben des Geschäftsführers bestand in der Beratung der einzelnen Mitgliedsfirmen bei der Gestaltung ihrer Kollektionen für den britischen Markt. Zu diesem Zwecke wurde jede der einzelnen Firmen von ihm aufgesucht, um folgende Details abzustimmen:

- Die Übersetzung der bestehenden Modellformen der Firmen in das britische Größensystem,
- die Durchsicht der bestehenden Gewebekollektionen auf ihre Eignung für den britischen Markt sowie
- die Erstellung von Modellen für die erste Präsentation der Kollektionen in Großbritannien.

Eine weitere wichtige Aufgabe für den Geschäftsführer bestand in der Beratung der einzelnen Firmen auf dem Gebiet der Preisgestaltung.

Hier waren einmal die Unternehmen über die Höhe der marktgerechten Preise für jedes der Produkte sowie über die Form der handelsüblichen Konditionen zu unterrichten. Zum anderen war ein Preisumrechnungsfaktor zu ermitteln, der es ermöglichte, mit Hilfe des deutschen Preises (ab Fabrik in DM) den englischen Preis (frei Haus in Pfund) zu errechnen. In diesem Umrechnungsfaktor wurden für jeden einzelnen Artikel

- die Frachtkosten ab Fabrik bis zum Bestimmungsort in Großbritannien,
- die Verpackungskosten,
- der Einfuhrzoll,

- die Provision für die Verkaufsgesellschaft von 7 1/2 % sowie
- das Kassa-Skonto von 3 1/2 % berücksichtigt.

Durch diesen Umrechnungsfaktor wurde die Kalkulation der einzelnen Artikel wesentlich vereinfacht.

Parallel zu diesen Aktivitäten bemühte sich der Geschäftsführer um die Anmietung entsprechender Räume für die Verkaufsgesellschaft. Es gelang, eine Unterkunft in London in der New Bond Street zu finden. Die Räume bestanden aus einem großen Schauraum zur Präsentation der Kollektionen der einzelnen Firmen sowie aus einer Reihe von Büroräumen.

Um die Firmen auf dem neuen Markt so schnell wie möglich einzuführen, wurde in der Londoner Fachpresse durch eine Anzeige auf die Kollektionen der Firmen aufmerksam gemacht. In dieser Anzeige wurde besonders darauf hingewiesen, daß diese Firmengruppe durch ein eigenes Verkaufsbüro in London vertreten war und somit als ausländischer Anbieter den gleichen Service wie inländische Firmen zu bieten hatte.

Des weiteren war die Firmengruppe mit einer Auswahl ihrer Kollektionen auf der IMBEX-Fachmesse in London vertreten. Mit Hilfe dieser Messe war es möglich, eine Reihe von britischen Facheinkäufern auf die Kollektionen der Exportgemeinschaft aufmerksam zu machen und zu einem Besuch des Londoner Verkaufsbüros zu veranlassen. Anläßlich dieser Messeveranstaltung wurden ferner Journalisten der Londoner Tages- und Fachpresse zu einem Empfang gebeten und über die Pläne der Exportgemeinschaft informiert.

Nach diesen einführenden Aktivitäten war es Aufgabe des Geschäftsführers, sich intensiv um die weitere Kontaktaufnahme mit dem britischen Facheinzelhandel zu bemühen. Die Konzeption dieser Exportgemeinschaft ist so angelegt, daß der gesamte Verkauf über das Londoner Verkaufsbüro abgewickelt wird. Von dort werden die Verkaufsgespräche und die gesamte Korrespondenz mit den Kunden erledigt. Dort werden auch die Auftragsbuchungen unter Berücksichtigung der Liefertermine und Konditionen der Unternehmen entgegengenommen.

Die Arbeit der einzelnen Mitgliedsfirmen beschränkt sich damit lediglich auf die termingerechte Ausführung der Warenlieferungen für die Kunden. Mit Hilfe eines vereinheitlichten Fakturierungssystems ist die Rechnungsschreibung für diese Lieferungen soweit vereinfacht, daß innerhalb der beteiligten Unternehmen für die Abwicklung der Exportgeschäfte keinerlei Spezialisten erforderlich sind.

Eine weitere wichtige Funktion des Londoner Verkaufsbüros und seines Geschäftsführers besteht in der ständigen Information der Mitgliedsfirmen über die modischen Entwicklungen auf dem britischen Markt. Hier ist vorgesehen, daß jedes Unternehmen jeweils zweimal im Jahr von dem Geschäftsführer des Verkaufsbüros aufgesucht und von ihm in allen Fragen der Kollektionsgestaltung beraten wird. Auf diese Weise sollen von vornherein Fehlentwicklungen bei der Kollektionsgestaltung vermieden werden.

4.3.4.4 Die wichtigsten Schlußfolgerungen

Mit Hilfe dieser Kooperation war es den einzelnen Firmen bereits nach kurzer Zeit möglich, nennenswerte Umsätze auf dem neuen Auslandsmarkt zu erzielen.

Diesen Erfolg hätten die Firmen im Alleingang mit Hilfe von Handelsvertretern oder Reisenden kaum erreichen können. Die bisherige Exporterfahrung der Unternehmen hatte nämlich gezeigt, daß es äußerst schwierig war, als ausländische Firma renommierte Handelsvertreter für sich zu gewinnen. Ein erfolgreicher Handelsvertreter war in der Regel nicht bereit, sich auf Verdacht für eine ihm unbekannte ausländische Firma zu engagieren. Ähnlich negative Erfahrungen hatten die Unternehmen mit eigenen Reisenden gemacht. Auch hier blieb der gewünschte Erfolg aus, da die deutschen Reisenden in der Regel nicht die Mentalität der ausländischen Kundschaft kannten und ihre Sprachkenntnisse nicht ausreichten.

Auf dem Wege der Kooperation war es den Unternehmen dagegen möglich, ihr Vorhaben auf eine breite finanzielle Basis zu stellen und von vornherein auf dem ausländischen Markt durch eine eigene Verkaufsgesellschaft aufzutreten.

Versucht man zu analysieren, worauf im einzelnen das Gelingen dieser Kooperation zurückzuführen ist, so lassen sich vor allem folgende Punkte hervorheben:

Einmal war die Initiative des Herren-Knaben-Oberbekleidungsverbandes von besonderer Bedeutung. Ihm fiel die schwierige Aufgabe zu, die geeigneten Firmen zur Realisierung der Kooperation zusammenzubringen und die relativ schwierigen Gründungsverhandlungen durchzuführen. Zweifellos war dabei die neutrale Stellung des Verbandes von besonderem Vorteil.

Zum anderen fällt der Position des Geschäftsführers der britischen Verkaufsgesellschaft eine entscheidende Rolle zu. Hier war es besonders wichtig, einen Fachmann mit spezieller Kenntnis des ausländischen Marktes für die Kooperationsarbeit zu gewinnen, der in der Lage war, die einzelnen Firmen von Anfang an erfolgreich auf dem neuen Markt zu vertreten.

4.3.5 Fallstudie 4: Ost-West-Kooperation zwischen Unternehmen der Maschenindustrie im Bereich der Produktion

4.3.5.1 Die Ausgangssituation

Unsere letzte Fallstudie betrifft zwei Unternehmen der Maschenindustrie aus der Bundesrepublik Deutschland und der Volksrepublik Ungarn.[67]

Der Umsatz des deutschen Unternehmens beträgt ca. 4o Millionen DM bei einer Belegschaft von etwa 9oo Beschäftigten (1972).

Das Produktionsprogramm umfaßt den Bereich der Damenfeinstrumpfhosen.

Seit Beginn der siebziger Jahre ergaben sich für das deutsche Unternehmen zunehmende Absatzprobleme durch vermehrte Importe aus den Niedrigpreisländern sowie aus Israel und Rumänien. Hinzu kamen ständig steigende Lohnkosten. Vor allem im Bereich der mittleren und niedrigen Qualität wurde es immer schwieriger, die Produkte zu konkurrenzfähigen Preisen auf den Markt zu bringen.

Wollte man weiterhin wettbewerbsfähig bleiben, so mußte versucht werden, die Höhe der Fertigungskosten zu senken. Dies war um so schwieriger, als das Unternehmen für seine Betriebe bereits den neuesten Stand der Technik realisiert hatte und somit weitere Rationalisierungsmaßnahmen kaum noch möglich waren. Es ließ sich zwar bei der Herstellung der Damenfeinstrumpfhosen der Prozeß des Strickens weitgehend automatisieren, doch blieben die Vorgänge der Konfektionierung sowie der Veredlung der Teile nach dem Colorplast-Verfahren[68] in hohem Maße lohnintensiv.

Eine Lösung dieses Problems sah man in der Kooperation mit einem Unternehmen der Volksrepublik Ungarn, die ein bedeutend niedrigeres Lohnniveau aufwies als die BRD.

4.3.5.2 Die Konzeption der Kooperation

Als Konzeption für eine derartige Kooperation ergaben sich somit:

- Die Bereitstellung der erforderlichen Arbeitskräfte und Produktionsräume für die Konfektionierung und Veredlung von Damenfeinstrumpfhosen durch das östliche Unternehmen.
- Die Lieferung der Maschinen, des Rohmaterials sowie des "Know-how" durch das westliche Unternehmen.

Die erste Kontaktaufnahme mit den ungarischen Partnern erfolgte durch einen deutschen Unternehmensberater, der sowohl über ausreichende Erfahrungen auf dem Gebiet der Ost-West-Kooperation als auch über Beziehungen zu den östlichen Kontaktstellen verfügte.

Üblicherweise ist der Verhandlungspartner auf der östlichen Seite nicht das eigentliche Produktionsunternehmen sondern ein Außenhandelsunternehmen.[69] Der westliche Partner hat zwar die Möglichkeit, mit dem Produktionsunternehmen Kontakt aufzunehmen, um seine technischen und organisatorischen Möglichkeiten zu überprüfen, doch kann er mit ihm keinerlei Abmachungen treffen. Der eigentliche Kooperationsvertrag wird mit dem östlichen Außenhandelsunternehmen abgeschlossen.

Bei der Abfassung eines derartigen Vertrages ist zu beachten, daß er sowohl auf der westlichen als auch auf der östlichen Seite einer Genehmigung durch die zuständigen Regierungsstellen bedarf. Zuständig auf der westlichen Seite ist das Bundesamt für gewerbliche Wirtschaft in Frankfurt. Seit dem 1.1.1974 bedarf es ferner einer Genehmigung durch die EG-Kommission in Brüssel. Zuständig auf der östlichen Seite ist das jeweilige Fachministerium, in diesem Falle das Ministerium für Leichtindustrie der Volksrepublik Ungarn.

Über die Kriterien für die Genehmigung derartiger Verträge, vor allem durch die östliche Seite, ist relativ wenig bekannt.[70] Es lassen sich aber auf Grund bisheriger Erfahrungen bestimmte Empfehlungen aussprechen. Danach werden die Verträge von den östlichen Stellen genehmigt, wenn die folgenden Anforderungen erfüllt sind:

- Das Vorhaben soll eine Mindestlaufzeit von fünf Jahren besitzen.
- Das westliche Unternehmen muß über eigene Kapazitäten in der BRD verfügen. Die Produktion im Rahmen des Kooperationsvorhabens darf einen Anteil von 3o % dieser Kapazitäten nicht überschreiten.
- Der Beitrag der östlichen Seite muß sich auf den eigentlichen Arbeitsprozeß beschränken.
- Die der östlichen Seite bereitgestellten Maschinen sollen aus der BRD bzw. dem Raum der EG stammen.
- Das von der westlichen Seite gelieferte Rohmaterial soll ebenfalls aus der BRD bzw. dem Raum der EG stammen.

Für den Zeitraum zwischen Antragstellung und Genehmigung des Vertrags sind in der Regel vier bis sechs Monate einzuplanen.

Aufbauend auf diesen allgemeinen Erfahrungen wurde zwischen dem von uns betrachteten Unternehmen der BRD und dem ungarischen Außenhandelsunternehmen die Form der Zusammenarbeit wie folgt vertraglich geregelt:

Als Ziel der Zusammenarbeit wurde die gemeinsame Produktion von Damenfeinstrumpfhosen vereinbart.

Das ungarische Unternehmen verpflichtete sich, für das deutsche Unternehmen die Konfektionierung und Veredlung von 6 Millionen Damenfeinstrumpfhosen pro Jahr zu übernehmen und die dazu erforderlichen Produktionsstätten und Arbeitskräfte bereitzustellen. Vereinbart wurde ein fester Fertigungskostensatz pro Stück. Grundlage für seine Berechnung bildeten die Normzeiten pro Einheit des westlichen Partners sowie die derzeitigen Lohnkosten des östlichen Partners, wobei mit Hilfe einer Lohngleitklausel eine durchschnittliche Steigerung von 6 % pro Jahr vorgesehen wurde.

Das deutsche Unternehmen übernahm die Lieferung der zur Produktion erforderlichen Nähmaschinen und Veredlungsmaschinen sowie der benötigten Rohmaterialien. Es wurde vereinbart, daß es sich hierbei um Maschinen nach dem neuesten Stand der Technik handelte, die dem ungarischen Produktionsunternehmen im Leasing-Verfahren überlassen wurden. Die Mietraten waren monatlich über das Außenhandelsunternehmen abzuführen.

Des weiteren stellte das deutsche Unternehmen die Artikelbeschreibungen für die Konfektionierung der Strumpfhosen sowie die Rezepturen für ihre Veredlung zur Verfügung und verpflichtete sich, dem ungarischen Produktionsunternehmen Spezialisten für die Bereiche der Fachkraftausbildung, der Arbeitsplatzgestaltung sowie der Arbeitsablaufplanung bereit zu stellen.

Ferner wurde festgelegt, daß das ungarische Unternehmen den Vertrieb eines Teils der Produktion - insgesamt 1o % - innerhalb des ungarischen Marktes übernahm. Dabei sollte das Markenzeichen des deutschen Unternehmens verwandt werden.

Weitere allgemeine vertragliche Vereinbarungen, die beide Partner betrafen, befaßten sich mit Schutzklauseln über Geschäfts- und Fabrikationsgeheimnisse, Bestimmungen bei Eintritt höherer Gewalt sowie Bestimmungen über die Möglichkeiten der außerordentlichen Kündigung des Vertragsverhältnisses.

Schließlich wurden Konsultationsklauseln für all jene Punkte mit aufgenommen, die bei Vertragsabschluß noch nicht endgültig festgelegt werden konnten. Auf Grund dieser Klauseln verpflichteten sich beide Partner, in bestimmten zeitlichen Abständen über offene Fragen noch zusätzliche Abmachungen zu treffen.

Die Laufzeit des Vertrages wurde auf eine Frist von fünf Jahren festgelegt. Als Gerichtsstand wählte man die Schweiz.

Bei der Abfassung der Verträge erwies es sich für das deutsche Unternehmen als besonders vorteilhaft, daß es auf die Erfahrungen des Unternehmensberaters zurückgreifen konnte.

So sind beispielsweise die Abmachungen über den Vertrieb eines Teils der hergestellten Produkte auf dem ungarischen Markt auf die Anregung des Beraters zurückzuführen. In der Regel wird es von westlicher Seite versäumt, derartige Vertriebsabsprachen im Rahmen einer Fertigungskooperation zu treffen. Dabei bietet sich hier eine wichtige Möglichkeit, ohne größere zusätzliche Kosten einen neuen Markt zu erschließen.

In den letzten Jahren ist der Markt der Staatshandelsländer für textile Produkte zunehmend interessant geworden. Diese Länder haben gerade ihren ersten Schritt zu einer Konsumgesellschaft getan. Bisher lagen die Schwerpunkte der Versorgung bei Erzeugnissen der Rüstungs- und Investitionsgüterindustrie sowie der Agrarwirtschaft. Seit einigen Jahren besteht ein verstärktes Interesse an Erzeugnissen des Konsumgüterbereichs. Somit ergibt sich auch für Produkte wie Miederwaren oder Damenfeinstrumpfhosen, die in diesen Ländern bisher als reine Luxusgüter galten, ein zunehmender Bedarf.

Auch bei der eigentlichen Durchführung der Kooperation stellten die Erfahrungen des deutschen Unternehmensberaters eine wichtige Hilfe dar. Seine Aufgabe war es beispielsweise, während der Anlaufzeit des Projektes den Fertigungsprozeß intensiv zu überwachen, um die Einhaltung der festgelegten Qualitätsnormen sowie der vereinbarten Liefertermine durchzusetzen.

Ein weiteres Problem tauchte bei der Ersatzteilversorgung auf. Es war zu berücksichtigen, daß innerhalb des ungarischen Marktes Ersatzteile kaum verfügbar waren. Hier mußte der Unternehmensberater entsprechende Vorkehrungen treffen, um die Ersatzteilbeschaffung aus der BRD sicherzustellen und somit Stockungen des Fertigungsprozesses von vornherein zu vermeiden.

4.3.5.3 Die wichtigsten Schlußfolgerungen

Für das ungarische Unternehmen bestand der entscheidende Vorteil dieser Kooperation in der Übernahme des technischen und organisatorischen "Know-how" des Unternehmens der BRD.

Dieser Aspekt kann bei einer jeden Ost-West-Kooperation als das wichtigste Ergebnis für den östlichen Partner angesehen werden. Dem östlichen Unternehmen wird auf diese Weise die Möglichkeit gegeben, an der technologischen Entwicklung der westlichen Industrienationen zu partizipieren und seine eigenen Produktionsbetriebe zu modernisieren und international konkurrenzfähig zu machen.[71]

In diesem speziellen Fall ergab sich für das ungarische Unternehmen die Chance, die neuesten Verfahren auf dem Gebiet der Konfektionierung und der Veredlung zu übernehmen sowie die neuesten Methoden der Arbeitsablaufplanung einzuführen. Dabei war es für das ungarische Unternehmen von besonderer Bedeutung, daß hierzu keine Devisen erforderlich waren, da sämtliche Leistungen der westlichen Seite gegen die Leistungen der östlichen Seite verrechnet werden konnten.

Für das deutsche Unternehmen bestand der entscheidende Vorteil dieser Kooperation in der Möglichkeit, angesichts gestiegener Lohnkosten im Inland die besonders arbeitsintensiven Teile des Produktionsprozesses in ein Land mit einem niedrigen Lohnniveau zu verlagern. Damit wurde es in die Lage versetzt, seine bisher guteingeführten Erzeugnisse auch weiterhin zu wettbewerbsfähigen Preisen auf dem inländischen Markt anzubieten. Ohne die Kooperation mit dem östlichen Partner wäre das Unternehmen gezwungen gewesen, den Markt für Damenfeinstrumpfhosen niedriger Qualität der ausländischen Konkurrenz zu überlassen.

Ein weiterer wichtiger Vorteil für das deutsche Unternehmen bestand in der Möglichkeit, den schwer zugänglichen ungarischen Markt für seine Produkte zu erschließen. Dies gilt um so mehr, als man davon ausgehen kann, daß angesichts der Devisenknappheit in den Staatshandelsländern Artikel wie Damenfeinstrumpfhosen nur dann verkäuflich sind, wenn sie im Rahmen eines Kooperationsgeschäftes verrechnet werden können und somit keine zusätzlichen Devisen erfordern.

Vor allem im Hinblick auf die zu erwartende expansive Entwicklung der östlichen Konsumgütermärkte kann es für ein westliches Unternehmen besonders vorteilhaft sein, wenn der Markenname seiner Produkte auf diesen Märkten bereits bekannt und eingeführt ist.

Fragt man nach den entscheidenden Voraussetzungen für das Gelingen dieser Kooperation, so lassen sich vor allem zwei Punkte herausstellen:

Einmal war es von besonderer Bedeutung, daß man sowohl bei der ersten Kontaktaufnahme mit dem östlichen Partner als auch bei der Abfassung der Kooperationsverträge auf die Beziehungen und Erfahrungen des Unternehmensberaters zurückgreifen konnte. Nur so war es möglich, bereits nach relativ kurzer Zeit, in diesem Falle nach acht Monaten, zum Abschluß der Verträge zu gelangen.

Zum anderen war es entscheidend, daß der Vertrag mit dem östlichen Partner auf das Sorgfältigste formuliert wurde und auch scheinbar selbstverständliche Dinge, wie z.B. die höhere Gewaltklausel, ausführliche Regelungen fanden. Es mußte von vornherein berücksichtigt werden, daß sämtliche Vereinbarungen außerhalb der schriftlichen Verträge für den östlichen Partner keinerlei Gültigkeit besaßen.[72]

4.4 Empirische Analyse der praktischen Probleme bei der Durchführung einer Kooperation in der Textilwirtschaft der BRD

4.4.1 Vorbemerkung

Ziel der im vorhergehenden Kapitel behandelten Fallstudien war es, aufzuzeigen, in welcher Form eine Kooperation in der Praxis der Textilwirtschaft der BRD durchgeführt werden kann und wo die entscheidenden Probleme für die beteiligten Unternehmen liegen.

Aufbauend auf den Ergebnissen dieser Fallstudien soll im folgenden versucht werden, die praktischen Probleme der Kooperation systematisch darzustellen und zu analysieren. Um hierbei zu verallgemeinerungsfähigen Aussagen zu gelangen, war es erforderlich, über den Kreis der an den Fallstudien beteiligten Firmen hinaus, eine größere Anzahl von Unternehmen aus der Textilindustrie und der Bekleidungsindustrie gezielt über ihre Erfahrungen auf dem Gebiet der Kooperation zu befragen.

4.4.2 Die Befragung der Unternehmen über die praktischen Probleme der Kooperation

4.4.2.1 Aufbau der Befragung

Die Hauptaufgabe der Befragung sollte es sein, empirisches Material über die folgenden Problemkreise zu gewinnen:

- Wie sieht die derzeitige Einstellung der Unternehmen zur Kooperation aus?

- Wie werden die Vor- und Nachteile einer Kooperation von den Unternehmen eingeschätzt?
- Wie werden die Erfolgsaussichten für einzelne Kooperationsbereiche von den Unternehmen beurteilt?
- Wo liegen die Hauptschwierigkeiten bei der Verwirklichung eines Kooperationsvorhabens in der Praxis?

Nach der Formulierung dieser Befragungsziele war zu klären, wie eine solche Befragung durchzuführen sei. Als methodische Alternativen boten sich das persönliche Interview und die Durchführung einer Fragebogenaktion an.

Angesichts der hohen Zahl der zu befragenden Firmen sowie ihrer Verbreitung über das gesamte Bundesgebiet wäre die Methode des persönlichen Interviews zu zeitaufwendig und kostspielig gewesen. So wurde die Umfrage grundsätzlich durch den Versand von Fragebogen durchgeführt und nur in einzelnen Fällen durch persönliche Interviews ergänzt.

Der Fragebogen umfaßte insgesamt sechs Fragen zu den Problemen der Kooperation in der Textilwirtschaft der BRD. Zwei Zusatzfragen betrafen die Form der bisherigen Kooperationstätigkeit sowie die Branchenzugehörigkeit, die Größe und die Anzahl der Produktionsstufen der befragten Unternehmen. Es wurden Fragen in geschlossener Form gewählt, bei denen alternative Antworten bereits vorgegeben waren. Die Reihenfolge der einzelnen Fragen wurde so festgelegt, daß die Unternehmen an Hand der Fragen über die möglichen Kooperationsbereiche und die Vor- und Nachteile einer Kooperation zu der zentralen Frage über ihre Einstellung zur Kooperation hingeführt wurden.[73]

Bei der Auswahl der zu befragenden Firmen wurde bewußt auf eine Zufallsstichprobe verzichtet, da erfahrungsgemäß der Rücklauf bei derartigen Fragebogenaktionen sehr niedrig ist. Stattdessen wurden mit Hilfe der Fachverbände jeweils 2oo Unternehmen aus der Textilindustrie und jeweils 3oo Unternehmen aus der Bekleidungsindustrie ausgewählt.

Hierbei handelte es sich um mittelständische Unternehmen mit einer maximalen Beschäftigtenzahl von 1.ooo Leuten. Es wurde darauf geachtet, daß unter diesen Unternehmen die wichtigsten Branchen der Textilindustrie und der Bekleidungsindustrie vertreten waren.

In den einzelnen Unternehmen wurden Mitglieder der Geschäftsleitung angesprochen. Durchgeführt wurde die Befragung in der ersten Hälfte des Jahres 1973.

4.4.2.2 Repräsentanz der Befragung

Von den 2oo angeschriebenen Unternehmen der Textilindustrie antworteten 115 Unternehmen, was einer Rücklaufquote von etwa 58 % entspricht.

1972 machten diese 115 erfaßten Unternehmen etwa 3,4 % aller Betriebe der Textilindustrie in der BRD aus. Versucht man die Umsätze dieser Unternehmen zu schätzen, so repräsentieren sie einen Umsatzanteil von 1o,9 % an der gesamten Textilindustrie.

Von den 3oo angeschriebenen Unternehmen der Bekleidungsindustrie antworteten insgesamt 1oo Unternehmen. Dies entspricht einer Rücklaufquote von etwa 33 %.

1973 repräsentierten diese befragten Unternehmen etwa 2,o % der gesamten Bekleidungsindustrie der BRD. Versucht man auch hier die getätigten Umsätze dieser Unternehmen zu schätzen, so ergibt sich ein erfaßter Umsatzanteil von 8,5 % der Bekleidungsindustrie.

Weitere Anhaltspunkte für die Repräsentanz der Untersuchung ergeben sich bei einer Gegenüberstellung der Betriebsgrößen und Branchenstruktur unserer beiden Stichproben und der der Textilindustrie und der Bekleidungsindustrie insgesamt.

Betrachten wir zunächst den Bereich der Textilindustrie. Hier ergibt sich bei einem Vergleich der Betriebsgrößenklassen folgendes Bild:

Größenklassen in Beschäftigten	Verteilung der Betriebe der Textilindustrie insgesamt 1972[1]	Verteilung der befragten Unternehmen der Textilindustrie
bis 99	67,3 %	7,8 %
1oo - 199	14,9 %	15,7 %
2oo - 299	7,o %	19,1 %
3oo - 399	3,3 %	13,9 %
4oo - 499	2,2 %	12,2 %
über 5oo	5,3 %	31,3 %

1 Quelle: Statistisches Bundesamt, Fachserie D, Industrie und Handwerk, Reihe 4, Sonderbeiträge zur Industriestatistik. Betriebe, Beschäftigte und Umsatz nach Beschäftigtengrößenklassen. Jahrgang 1972. Eigene Berechnungen.

Aus diesen Zahlen wird deutlich, daß in unserer Befragung die kleineren Unternehmen mit unter 1oo Beschäftigten eindeutig im Vergleich zu den größeren Unternehmen unterrepräsentiert sind.

Die Gegenüberstellung der Branchenstruktur führt für die Textilindustrie zu folgendem Ergebnis:

Branchen	Verteilung der Betriebe der Textilindustrie insgesamt 1972[1]	Verteilung der befragten Unternehmen der Textilindustrie
Baumwollspinnerei	5,3 %	7,o %
Wollspinnerei	5,4 %	5,2 %
Baumwollweberei	14,2 %	19,1 %
Tuch- und Kleiderstoffweberei	3,9 %	11,3 %
Seiden- und Samtweberei	3,3 %	12,2 %
Maschenindustrie	34,6 %	16,5 %
Heimtextilienindustrie	7,3 %	14,8 %
Textilveredlung	9,o %	13,9 %
Sonstige	17,o %	-

1 Quelle: Gesamtverband der Textilindustrie der Bundesrepublik Deutschland, Die Textilindustrie der Bundesrepublik Deutschland im Jahre 1972, Frankfurt/Main 1972, S. 17. Eigene Berechnungen.

Aus diesen Angaben geht hervor, daß vor allem die Maschenindustrie stark unterrepräsentiert ist. Überdurchschnittlich häufig vertreten sind dagegen die Tuch- und Kleiderstoffwebereien sowie die Seiden- und Samtweberei.

Was den Bereich der Bekleidungsindustrie anbetrifft, so ergibt sich hier für die Verteilungen der Größenklassen folgendes Bild:

Größenklassen in Beschäftigten	Verteilung der Betriebe der Bekleidungsindustrie insgesamt 1972[1]	Verteilung der befragten Unternehmen der Bekleidungsindustrie
bis 99	79,7 %	5,o %
1oo - 199	13,o %	17,o %
2oo - 299	4,o %	28,o %
3oo - 399	1,6 %	14,o %
4oo - 499	o,6 %	13,o %
über 5oo	1,1 %	23,o %

1 Quelle: STATISTISCHES BUNDESAMT, Fachserie D, Industrie und Handwerk, Reihe 4, Sonderbeiträge zur Industriestatistik. Betriebe, Beschäftigte und Umsatz nach Beschäftigtengrößenklassen 1972. Eigene Berechnungen.

Demnach sind in unserer Befragung auch innerhalb der Bekleidungsindustrie die kleineren Unternehmen unter 1oo Beschäftigten eindeutig unterrepräsentiert.

Der Vergleich der Branchenstruktur führt für die Bekleidungsindustrie zu folgenden Ergebnissen:

Branchen	Verteilung der Betriebe der Bekleidungsindustrie insgesamt 1972[1]	Verteilung der befragten Unternehmen der Bekleidungsindustrie
Wäscheindustrie	15,8 %	28,o %
DOB - Industrie	44,9 %	33,o %
Haka - Industrie	15,6 %	39,o %
Sonstige	23,7 %	-

1 Quelle: STATISTISCHES BUNDESAMT, Fachserie D, Industrie und Handwerk, Reihe 4, Sonderbeiträge zur Industriestatistik, Betriebe, Beschäftigte und Umsatz nach Beschäftigtengrößenklassen 1972. Eigene Berechnungen.

Aus diesen Zahlen wird deutlich, daß in unserer Befragung die DOB-Industrie im Vergleich zu der Haka-Industrie und der Wäscheindustrie eindeutig unterrepräsentiert ist.

4.4.3 Die Auswertung der Befragung über die praktischen Probleme der Kooperation

4.4.3.1 Die Einstellung der Unternehmen zur Kooperation

4.4.3.1.1 Vorbemerkung

Ein zentrales Thema der Befragung bildete die Einstellung der Unternehmen zur Kooperation.

Dieser Aspekt wurde in zweifacher Hinsicht untersucht. Einmal baten wir die befragten Unternehmen, Auskunft über ihre eigene Kooperationsbereitschaft zu geben. Dabei wurde die Zusatzfrage gestellt, inwieweit eine Kooperation als längerfristiges Vorgehen oder als Vorstufe für spätere Fusionen anzusehen sei. Zum anderen forderten wir die befragten Unternehmen auf, die Kooperationsbereitschaft der anderen Unternehmen ihrer Branche zu beurteilen.

In den nächsten Abschnitten wollen wir uns mit den Ergebnissen dieser Fragen auseinandersetzen und dann in einem weiteren Abschnitt versuchen, auf der Grundlage dieser Ergebnisse den derzeitigen Kooperationsgrad der Unternehmen der Textilindustrie und der Bekleidungsindustrie der BRD zu schätzen.

4.4.3.1.2 Die Beurteilung der eigenen Kooperationsbereitschaft

Tabellen 36 und 45 (Anhang) geben die Beurteilung der eigenen Kooperationsbereitschaft durch die Unternehmen der Textilindustrie und der Bekleidungsindustrie wieder.

In der Textilindustrie bezeichneten 57,4 % der Befragten eine Kooperation als sinnvolles bis sehr sinnvolles Vorgehen für ihr Unternehmen. In der Bekleidungsindustrie waren es 52,o %. Nur als bedingt sinnvoll stuften eine Kooperation 37,4 % der Unternehmen der Textilindustrie ein. Der entsprechende Anteil für die Unternehmen der Bekleidungsindustrie lag hier bei 39,o %. Vollkommen abgelehnt wurde dagegen die Kooperation nur von 5,2 % der Firmen der Textilindustrie und 9,o % der Firmen der Bekleidungsindustrie. Damit ist der Anteil der Unternehmen, die eine Kooperation grundsätzlich nicht in Betracht ziehen, verschwindend gering.

Weitere interessante Aspekte ergeben sich, wenn wir innerhalb der befragten Unternehmen zwischen größeren und kleineren Firmen, zwischen einstufigen und mehrstufigen Firmen sowie zwischen Firmen mit und ohne Kooperationserfahrung unterscheiden.

So wird, wie Tabellen 36 und 45 (Anhang) zeigen, in beiden Industriezweigen die Kooperation von den kleineren Unternehmen mit einer Belegschaft unter 4oo Beschäftigten wesentlich günstiger beurteilt als von den größeren Unternehmen mit einer Belegschaft über 4oo Beschäftigten. So hielten z.B. in der Textilindustrie nur 1,5 % der kleineren aber 1o,o % der größeren Unternehmen eine Kooperation für nicht sinnvoll. Bei der Bekleidungsindustrie waren es 6,3 % der kleineren und 13,9 % der größeren Unternehmen.

Noch stärker wird dieses Gefälle in der Bewertung der Kooperation zwischen Unternehmen mit und ohne Kooperationserfahrung. So hielten z.B. in der Textilindustrie, wie Tabellen 36 und 45 (Anhang) zeigen, 64,o % der kooperationserfahrenen Unternehmen, aber nur 45,o % der kooperationsunerfahrenen Unternehmen eine Kooperation für sinnvoll bis sehr sinnvoll.

Der Ergänzung dieser Ergebnisse diente die Frage nach der zweckmäßigen Dauer einer solchen Kooperation. Auf diese Weise sollte untersucht werden, ob die Kooperation von den Unternehmen als ein längerfristiges Vorgehen oder nur als Vorstufe für eine spätere Fusion angesehen wird.

Auch hier bezog der überwiegende Teil der Unternehmen Stellung zur Kooperation. So schätzten in der Textilindustrie, wie Tabelle 37 (Anhang) zeigt, 64,5 % der Unternehmen eine Kooperation als längerfristiges Vorgehen ein. Nur 35,5 % sahen in der Kooperation eine Vorstufe für eine spätere Fusion. Allerdings erhöht sich dieser Anteil bei den einstufigen Unternehmen auf 43,5 %, während er bei den mehrstufigen Unternehmen bei lediglich 3o,6 % liegt.

Von den Unternehmen der Bekleidungsindustrie schätzten, wie Tabelle 46 (Anhang) zeigt, 79,8 % eine Kooperation als längerfristiges Vorgehen ein. Nur 2o,o % der befragten Firmen dieses Industriezweiges sahen in der Kooperation eine Vorstufe für eine spätere Fusion. Dieser Anteil sinkt bei den Unternehmen mit Kooperationserfahrung sogar auf 14,9 % ab.

4.4.3.1.3 Die Beurteilung der Kooperationsbereitschaft der anderen Unternehmen der Branche

Völlig andere Aspekte ergeben sich aus der Einschätzung der Kooperationsbereitschaft der anderen Unternehmen der Branche durch die befragten Firmen. Wie Tabellen 38 und 47 (Anhang) zeigen, wird die Kooperationswilligkeit der übrigen Unternehmen wesentlich geringer eingeschätzt als die eigene Bereitschaft zur Kooperation.

So schätzten z.B. in der Textilindustrie nur 7,o % der Unternehmen die Kooperationswilligkeit der gesamten Branche als groß ein. 52,2 % der Firmen bezeichneten sie als mäßig und sogar 4o,8 % als gering bis sehr gering.

Dieser Unterschied tritt in der Bekleidungsindustrie noch deutlicher hervor. Hier stuften 9,o % der Unternehmen die Kooperationsbereitschaft der übrigen Branche als sehr groß bis groß ein. 35,o % der Firmen bezeichneten sie als mäßig und 56,o % als gering bis sehr gering.

Versuchen wir auch hier die befragten Unternehmen weiter zu differenzieren, so zeigt sich, daß die Unternehmen mit Kooperationserfahrung die Kooperationswilligkeit der Branche wesentlich günstiger einschätzten als die Unternehmen ohne Kooperationserfahrung. So bezeichneten z.B. in der Textilindustrie nur 33,3 % der Unternehmen mit Kooperationserfahrung die Bereitschaft der übrigen Branche als gering bis sehr gering gegenüber 55,o % der Unternehmen ohne Kooperationserfahrung. Ähnliche Unterschied ergeben sich, wie Tabelle 31 (Anhang) zeigt, auch für die Unternehmen der Bekleidungsindustrie.

4.4.3.1.4 Der derzeitige Kooperationsgrad der Unternehmen

Unter dem derzeitigen Kooperationsgrad der Unternehmen der Textilindustrie und der Bekleidungsindustrie wollen wir den Anteil der Unternehmen verstehen, die gegenwärtig an einem Kooperationsprojekt beteiligt sind. Bei seiner Bestimmung sind wir im wesentlichen auf grobe Schätzungen angewiesen.

Erste Anhaltspunkte ergeben sich aus den Ergebnissen über die Kooperationsbereitschaft der befragten Unternehmen. Ferner lassen Angaben über das Ausmaß der bisherigen Kooperationserfahrung der befragten Unternehmen weitere Rückschlüsse zu.

Wie wir gesehen haben, schätzten 94,8 % der Unternehmen der Textilindustrie und 91,o % der Unternehmen der Bekleidungsindustrie eine Kooperation als sinnvolles bzw. bedingt sinnvolles Vorgehen für ihr Unternehmen ein. Dabei sahen 64,5 % der Befragten aus der Textilindustrie und 79,8 % der Befragten aus der Bekleidungsindustrie eine Kooperation als längerfristiges Vorgehen an. Nur ein geringer Teil, 35,8 % der Unternehmen der Textilindustrie und 2o,2 % der Unternehmen der Bekleidungsindustrie, bezeichnete die Kooperation als Vorstufe für eine spätere Fusion.

In gewissem Widerspruch zu diesen Zahlen steht allerdings die Beurteilung der Kooperationsbereitschaft der übrigen Unternehmen der Branche durch die befragten Unternehmen. Der weitaus größte Teil, 93,o % der Unternehmen der Textilindustrie und 91,o % der Unternehmen der Bekleidungsindustrie, bezeichnete sie als mäßig bis sehr gering.

Diesen Angaben ist zu entnehmen, daß die relativ hohe Kooperationsbereitschaft der befragten Unternehmen nur zu einem Teil zur Realisierung einer Kooperation geführt hat, da die Unternehmen eine grundsätzliche Schwierigkeit darin sahen, einen kooperationswilligen Partner zu finden.

Diese Annahme wird bestätigt durch die Angaben der befragten Unternehmen über das Ausmaß ihrer Erfahrungen bei der Durchführung einer Kooperation. Demnach haben 65,2 % der Unternehmen der Textilindustrie und 45,o % der Unternehmen der Bekleidungsindustrie bereits an Kooperationsprojekten teilgenommen. Davon bezeichneten 74,4 % der Unternehmen der Textilindustrie und 8o,5 % der Unternehmen der Bekleidungsindustrie ihre Erfahrungen als positiv.

Gehen wir davon aus, daß die Unternehmen mit positiver Erfahrung auch weiterhin den Weg der Kooperation einschlagen werden, so ergibt sich zur Zeit für die Unternehmen der Textilindustrie ein Kooperationsgrad von 45 bis 5o % und für die Unternehmen der Bekleidungsindustrie ein Kooperationsgrad von 35 bis 4o %.

Der Kooperationsgrad für die Unternehmen des Textilhandels und der Chemiefaserindustrie dürfte wesentlich höher liegen. Es ist anzunehmen, daß er beim Textilhandel bei etwa 8o bis 9o % liegt.[74] Der entsprechende Wert für die Chemiefaserindustrie dürfte auf Grund der vielen Kooperationen mit den nachgelagerten Stufen auf dem Gebiet der Werbung 9o bis 95 % betragen.[75]

4.4.3.2 Die Einschätzung der Vor- und Nachteile einer Kooperation durch die Unternehmen

Weitere wichtige Anhaltspunkte für die praktischen Probleme bei der Durchführung einer Kooperation ergeben sich aus der Beurteilung der möglichen Vor- und Nachteile einer Kooperation durch die Unternehmen der Textilindustrie und der Bekleidungsindustrie.

Betrachten wir zunächst die Einschätzung der Vorteile einer Kooperation durch die befragten Unternehmen. Sie wird aus Abbildung 7 deutlich. Eine weitere Differenzierung der Antworten ergibt sich aus Tabellen 35 und 44 (Anhang).

Als wichtigster Vorteil wird sowohl von der Textilindustrie als auch der Bekleidungsindustrie die Steigerung der Produktivität der beteiligten Unternehmen genannt. Jeweils 39,9 % der Unternehmen der Textilindustrie und 42,o % der Unternehmen der Bekleidungsindustrie hielten diesen Punkt für besonders entscheidend. Dabei wird dieser Aspekt in beiden Industriezweigen von den kleineren Unternehmen stärker betont (43,7 % bzw. 42,5 %) als von den größeren (35,5 % bzw. 4o,9 %). Auf die Bedeutung dieses Vorteils der Kooperation für die Unternehmen der Textilwirtschaft der BRD waren wir bereits zu Beginn unserer Untersuchung näher eingegangen.[76]

Ein zweiter wichtiger Aspekt stellt die Stärkung der Marktposition der Unternehmen durch die Kooperation dar. Dies kann,

Abb. 7: Die Einschätzung der Vorteile einer Kooperation durch die Unternehmen der Textilindustrie und der Bekleidungsindustrie der BRD[1]

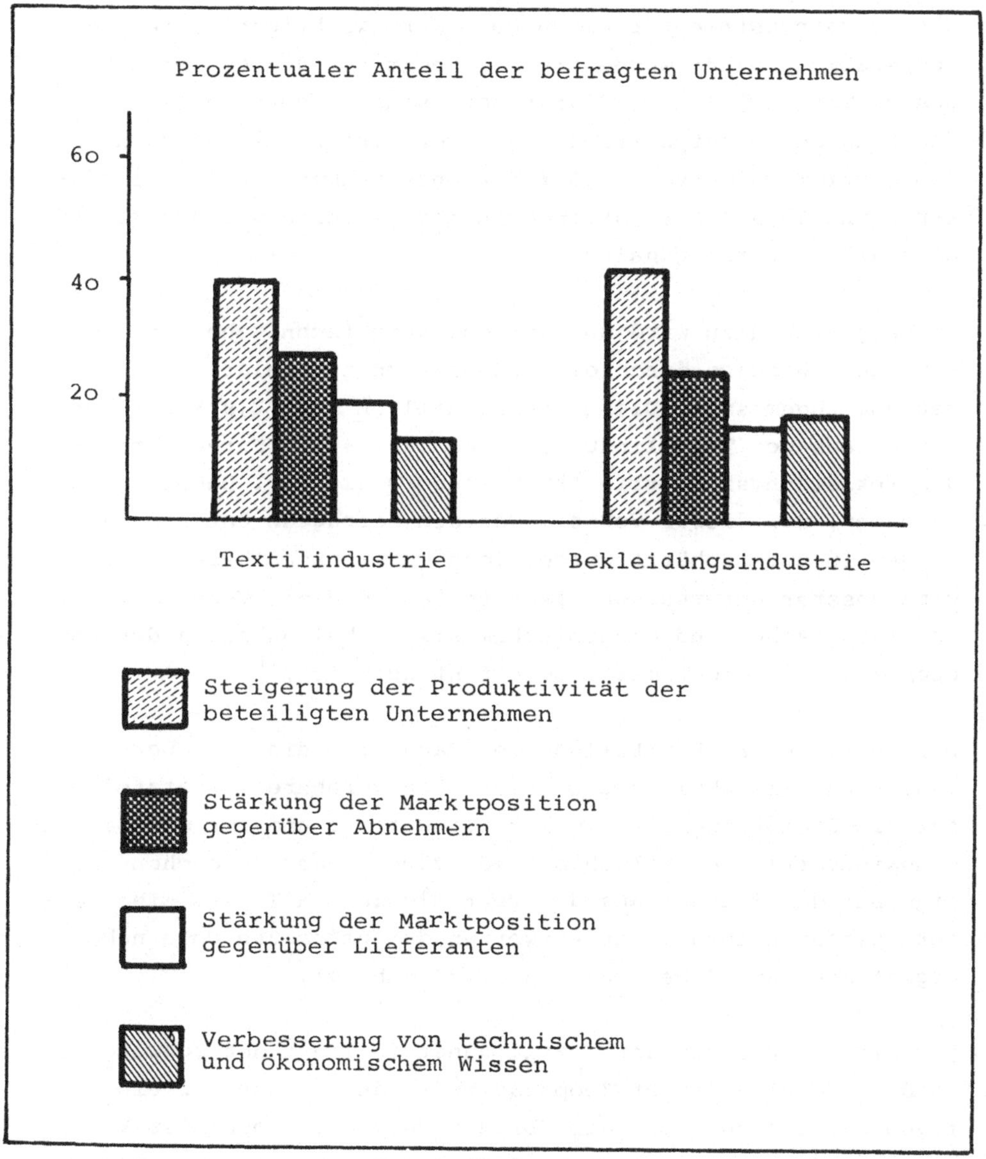

1 Quelle: Siehe Tabellen 35 und 44 (Anhang).

wie wir bereits gesehen haben, sowohl auf den Absatzmärkten gegenüber den Abnèhmern als auch auf den Beschaffungsmärkten gegenüber den Lieferanten erreicht werden.[77] Die Stärkung der Marktposition gegenüber Abnehmern hielten 27,6 % der Unternehmen der Textilindustrie und 24,7 % der Unternehmen der Bekleidungsindustrie für einen besonders wichtigen Vorteil der Kooperation. Dabei wurde dieser Aspekt von den größeren Unternehmen mit 34,2 % bzw. 31,8 % noch stärker hervorgehoben. Die Stärkung der Marktposition gegenüber Lieferanten durch die Kooperation wurde von 19,6 % der Unternehmen der Textilindustrie und 15,9 % der Unternehmen der Bekleidungsindustrie für besonders wichtig gehalten.

Im Vergleich dazu wird der Verbesserung technischen und ökonomischen Wissens durch die Kooperation nur relativ wenig Bedeutung zugemessen. Diesen Punkt hielten nur 12,9 % der Unternehmen aus der Textilindustrie und 17,4 % der Unternehmen aus der Bekleidungsindustrie für besonders wichtig. Dabei ist anzunehmen, daß dieser Vorteil von den befragten Unternehmen allgemein unterschätzt wurde. Denn wir konnten bereits zu Beginn unserer Untersuchung feststellen, daß die Verbesserung von technischem und ökonomischem Wissen bei nahezu jeder Kooperation als wichtiger Nebeneffekt auftritt.[78]

Hinsichtlich der Beurteilung der Nachteile einer Kooperation läßt sich, wie Abbildung 8 zeigt, von vornherein feststellen, daß die Ergebnisse für die Textilindustrie und für die Bekleidungsindustrie wesentlich stärker voneinander abweichen, als dies bei der Beurteilung der Vorteile der Fall ist. Eine weitere Differenzierung der Antworten der befragten Unternehmen ergibt sich aus Tabellen 34 und 43 (Anhang).

Für die Unternehmen der Textilindustrie liegt der schwerwiegendste Nachteil einer Kooperation in der Gefahr der einseitigen Ausnutzung durch die übrigen Partner. Diesen Aspekt hielten 38,5 % der befragten Firmen für besonders wichtig.

Abb. 8: Die Einschätzung der Nachteile einer Kooperation durch die Unternehmen der Textilindustrie und der Bekleidungsindustrie der BRD[1]

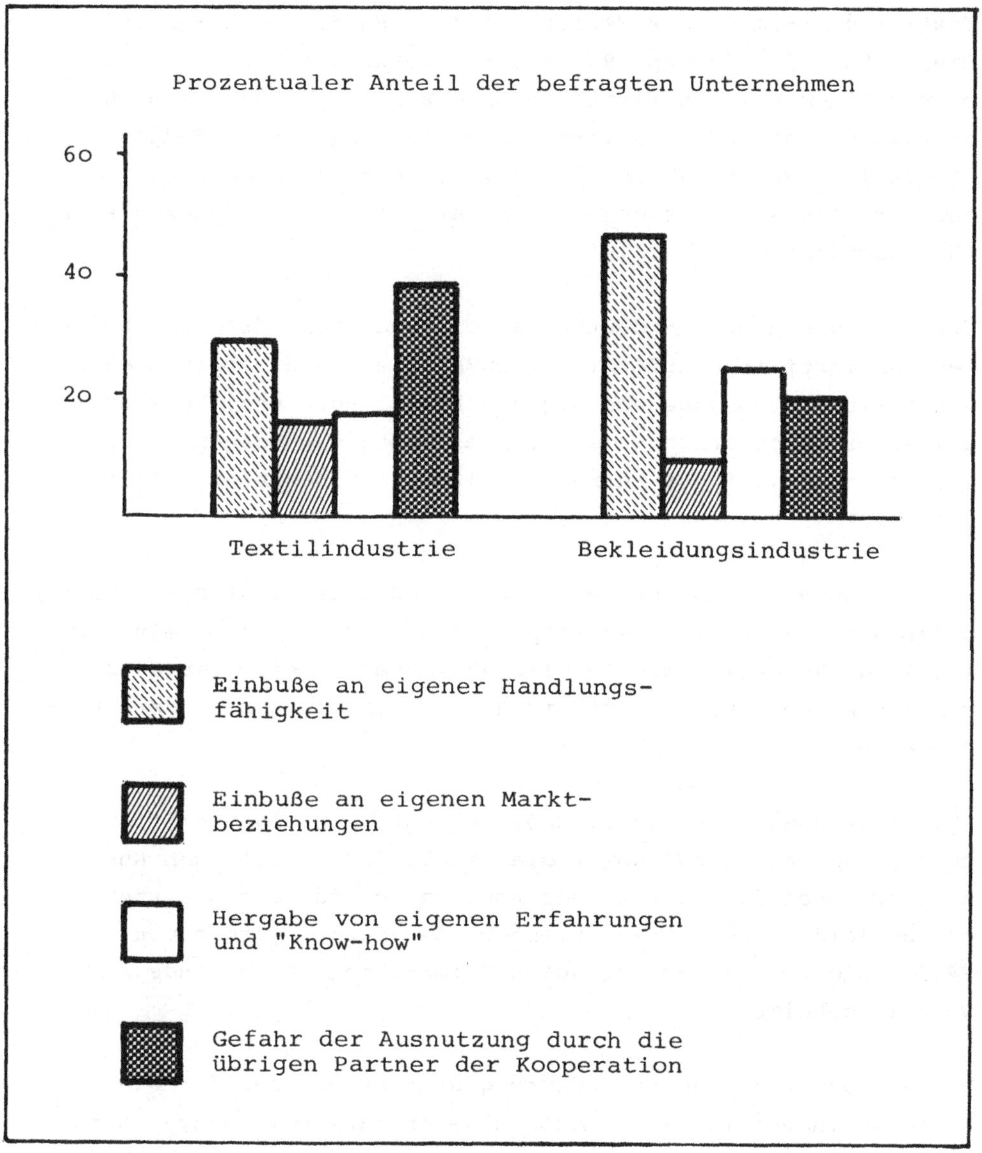

1 Quelle: Siehe Tabellen 34 und 43 (Anhang).

Dabei wurde er vor allem von den Unternehmen mit eigener Kooperationserfahrung noch stärker hervorgehoben (45,7 %).

Ein zweiter wichtiger Nachteil besteht für die Unternehmen der Textilindustrie in der Einbuße eigener Handlungsfähigkeit. Dieser Punkt wurde von 29,3 % der Unternehmen erwähnt, wobei er vor allem von den kleineren Unternehmen mit 36,8 % noch stärker betont wurde. Allerdings ist anzunehmen, daß dieser Nachteil allgemein überschätzt wird. So hielten nur 24,3 % der Unternehmen mit eigener Kooperationserfahrung diesen Punkt für besonders wichtig.

Von untergeordneter Bedeutung scheint dagegen für die Unternehmen der Textilindustrie die Einbuße an eigenen Marktbeziehungen sowie die Hergabe von eigenen Erfahrungen und "Know-how" bei einer Kooperation zu sein. Diese Punkte wurden nur von 15,6 % und 16,6 % der befragten Firmen für besonders wichtig gehalten.

Für die Unternehmen der Bekleidungsindustrie liegt der schwerwiegendste Nachteil einer Kooperation in der Einbuße eigener Handlungsfähigkeit. Wie Tabelle 43 (Anhang) zeigt, wurde dieser Aspekt von 46,3 % der befragten Unternehmen besonders hervorgehoben.

Ebenfalls von Bedeutung sind die Hergabe von eigenen Erfahrungen und "Know-how" sowie die Gefahr der einseitigen Ausnutzung durch die Partner der Kooperation für die Unternehmen der Bekleidungsindustrie. Diese beiden Punkte wurden von 24,2 % und 2o,o % der befragten Unternehmen für besonders wichtig gehalten.

Von nur untergeordneter Bedeutung scheint dagegen für die Bekleidungsindustrie die Einbuße eigener Marktbeziehungen durch eine Kooperation zu sein. Dieser Nachteil wurde lediglich von 9,5 % der Unternehmen angeführt.

Versuchen wir die wichtigsten Ergebnisse zusammenzufassen, so läßt sich folgendes feststellen:

- Nach Meinung der Unternehmen der Textilindustrie und der Bekleidungsindustrie liegt der wichtigste Vorteil einer Kooperation in der Erhöhung der Produktivität der beteiligten Unternehmen. Ferner von Bedeutung ist die Stärkung der Marktposition der beteiligten Unternehmen gegenüber Abnehmern und Lieferanten.

- Der entscheidende Nachteil einer Kooperation liegt für die Unternehmen der Textilindustrie in der Gefahr der einseitigen Ausnutzung durch die übrigen Partner der Kooperation.

  Für die Unternehmen der Bekleidungsindustrie fällt dagegen die Einbuße eigener Handlungsfähigkeit durch eine Kooperation am meisten ins Gewicht. Dieser Aspekt hat auch für die Unternehmen der Textilindustrie eine größere Bedeutung.

4.4.3.3 Die Beurteilung der Erfolgsaussichten für einzelne Kooperationsbereiche durch die Unternehmen

4.4.3.3.1 Vorbemerkung

Wie wir bereits bei der Behandlung der Fallstudien gesehen haben, hängt der Erfolg einer Kooperation entscheidend von der Festlegung der Funktionsbereiche ab, auf die sich die eigentliche Zusammenarbeit der Unternehmen erstrecken soll.

Die Analyse der Entwicklung der Kooperationsformen in der Textilwirtschaft der BRD hat gezeigt, daß sowohl für die Unternehmen der Textilindustrie als auch für die Unternehmen der Bekleidungsindustrie die Fertigung und der Absatz die wichtigsten Kooperationsbereiche darstellen. Allerdings waren bei dieser Analyse die beiden übrigen Bereiche der Beschaffung und der Verwaltung auf Grund hoher Dunkelziffern eindeutig unterrepräsentiert.[79]

Im folgenden soll untersucht werden, wie die Unternehmen der Textilindustrie und der Bekleidungsindustrie zur Zeit die Erfolgsaussichten für die einzelnen Funktionsbereiche bei einer Kooperation beurteilen. Tabellen 31 und 4o (Anhang) geben die Ergebnisse für die Funktion der Beschaffung, der Fertigung, des Absatzes und der Verwaltung für die Unternehmen der Textilindustrie und der Bekleidungsindustrie wieder.

Ferner werden wir die wichtigsten Teilbereiche innerhalb der Funktionen der Fertigung und des Absatzes untersuchen. Die Beurteilung dieser Teilbereiche geben Tabellen 32 und 33 (Anhang) für die Unternehmen der Textilindustrie und Tabellen 41 und 42 (Anhang) für die Unternehmen der Bekleidungsindustrie wieder.

4.4.3.3.2 Der Bereich der Beschaffung

Folgen wir den betrieblichen Grundfunktionen, so bildet die Funktion der Beschaffung den ersten möglichen Kooperationsbereich. Ihn hielten insgesamt, wie Tabellen 31 und 4o (Anhang) zeigen, 22,2 % der Unternehmen der Textilindustrie und 14,4 % der Unternehmen der Bekleidungsindustrie für besonders erfolgversprechend.

Die Zusammenarbeit innerhalb dieses Bereichs erstreckt sich für die Textilindustrie und die Bekleidungsindustrie hauptsächlich auf den gemeinsamen Einkauf. Wichtigstes Ziel einer solchen Kooperation ist es, durch die Bestellung größerer Mengen bei den Lieferanten Preisvorteile zu erlangen sowie eine Rationalisierung der Einkaufsorganisationen der beteiligten Firmen durchzuführen. Dies kann sowohl durch die Koordinierung der einzelnen Einkaufsabteilungen als auch durch die Gründung einer gemeinsamen Einkaufsgesellschaft erreicht werden.[8o]

Die übrigen Kooperationsmöglichkeiten innerhalb des Bereichs der Beschaffung sind für die Unternehmen der Textilindustrie und der Bekleidungsindustrie nur von untergeordneter Bedeutung. Zu erwähnen sind hier lediglich für die Textilindustrie die gemeinsame Lagerhaltung zur besseren Auslastung der Lagerkapazitäten der einzelnen Unternehmen sowie die gemeinsame Materialprüfung zur Qualitätsüberwachung der eingehenden Rohstoffe.[81]

4.4.3.3.3 Der Bereich der Fertigung

Den zweiten möglichen Kooperationsbereich bildet die Funktion der Fertigung. Wie die Tabellen 31 und 4o (Anhang) zeigen, wurden diesem Bereich die meisten Erfolgsaussichten für eine Kooperation zugebilligt. Ihn hielten 38,7 % der Unternehmen der Textilindustrie und 43,1 % der Unternehmen der Bekleidungsindustrie für besonders erfolgversprechend.

Die Tabellen 32 und 41 (Anhang) geben wieder, wie sich diese Anteilswerte auf die einzelnen Teilbereiche innerhalb der Funktion der Fertigung aufteilen.

An erster Stelle wurde sowohl von den Unternehmen der Textilindustrie (16,5 %) als auch von den Unternehmen der Bekleidungsindustrie (19,2 %) der Erfahrungsaustausch genannt. Gegenstand dieser Form der Zusammenarbeit bilden regelmäßige Informationsgespräche über Probleme der Fertigung zwischen den jeweiligen Experten der einzelnen Unternehmen. Diese im Grunde sehr lose Form der Zusammenarbeit wird von vielen Unternehmen oft als Vorstufe größerer Kooperationsvorhaben angesehen.

Von ähnlich großer Bedeutung für die Unternehmen der Textilwirtschaft ist eine wesentlich intensivere Form der Zusammenarbeit, die gemeinsame Produktion. 1o,5 % der befragten Unternehmen der Textilindustrie und 14,7 % der befragten Unternehmen der Bekleidungsindustrie hielten diese Form der Kooperation für besonders erfolgversprechend.

Hauptziel einer solchen Kooperation ist die bessere Ausnutzung vorhandener Kapazitäten sowie die Vermeidung überflüssiger Investitionen.[82] Dies kann einmal durch die Abstimmung der Produktionsprogramme der einzelnen Unternehmen auf rein dispositivem Wege geschehen, was in der Regel eine starke Spezialisierung der beteiligten Unternehmen zur Folge hat. Zum anderen kann eine solche Kooperation durch die gegenseitige Zurverfügungstellung freier Kapazitäten oder durch die Gründung gemeinsamer Produktionsstätten für bestimmte Produkte oder Produktgruppen erreicht werden.[83] Eines der ersten Beispiele für eine derartige gemeinsame Produktionsstätte bilden die Vereinigten Tufting-Werke Berlin GmbH, die bereits 1959 von Unternehmen der Teppichindustrie gegründet wurden.[84]

Eine weitere wichtige Möglichkeit der Kooperation innerhalb des Bereichs der Fertigung stellt die gemeinsame Forschung und Entwicklung dar. 7,3 % der Unternehmen der Textilindustrie und 4,8 % der Unternehmen der Bekleidungsindustrie hielten diesen Bereich für besonders wichtig.

Allerdings beschränkt sich für die Unternehmen der Textilwirtschaft die Möglichkeit der gemeinsamen Forschung und Entwicklung in der Regel auf das Gebiet der angewandten Forschung, insbesondere auf die Entwicklung neuer Verfahren und Produkte. Das Gebiet der Grundlagenforschung dürfte dagegen lediglich für einige sehr große Unternehmen der Textilwirtschaft von Bedeutung sein.[85]

Eng verbunden mit dem Bereich der Forschung und Entwicklung ist die Kooperation durch Lizenznahme bzw. Lizenzgabe. Es kann sich dabei um Lizenzen sowohl für bestimmte Produkte als auch für bestimmte Verfahren handeln. Allerdings wird diese Form der Kooperation von den Unternehmen der Textilwirtschaft nur sehr wenig in Betracht gezogen. So hielten nur 2,2 % der Unternehmen der Textilindustrie und 1,9 % der Unternehmen der Bekleidungsindustrie diesen Bereich für besonders erfolgversprechend.

Ähnlich gering bewertet wurde auch die Zusammenarbeit durch gemeinsame Musterung. Nur 2,2 % der Unternehmen der Textilindustrie und 2,5 % der Unternehmen der Bekleidungsindustrie stimmten für diesen Bereich.

4.4.3.3.4 Der Bereich des Absatzes

Ein weiterer möglicher Kooperationsbereich bildet die Funktion des Absatzes. Wie Tabellen 31 und 4o (Anhang) zeigen, werden diesem Bereich von den Unternehmen der Textilwirtschaft der BRD ähnliche Erfolgsaussichten für eine Kooperation zugebilligt wie dem Bereich der Fertigung. So hielten 28,3 % der Unternehmen der Textilindustrie und 32,o % der Unternehmen der Bekleidungsindustrie eine Kooperation auf dem Gebiet des Absatzes für besonders erfolgversprechend.

Hinsichtlich der Bedeutung der einzelnen Teilbereiche innerhalb der Funktion des Absatzes ergibt sich, wie Tabellen 33 und 42 (Anhang) zeigen, folgendes Bild:

Ähnlich wie beim Bereich der Fertigung wurde sowohl von den Unternehmen der Textilindustrie (11,9 %) als auch von den Unternehmen der Bekleidungsindustrie (17,6 %) der Erfahrungsaustausch an erster Stelle genannt. Hauptgegenstand einer solchen Zusammenarbeit bilden regelmäßige Informationsgespräche zwischen den Experten der einzelnen Unternehmen, wobei hier die Probleme des Absatzes von Interesse sind.

Eine weitere wichtige Möglichkeit für eine Kooperation innerhalb der Funktion des Absatzes bildet der gemeinsame Vertrieb. 8,o % der Unternehmen der Textilindustrie sowie 9,4 % der

Unternehmen der Bekleidungsindustrie hielten diese Form der Kooperation für besonders erfolgversprechend.

Wichtige Ansatzpunkte für eine Kooperation im Bereich des Vertriebs bilden der wechselseitige bzw. gemeinsame Einsatz von Reisenden, der Aufbau gemeinsamer Verkaufsniederlassungen, oder die Abstimmung bzw. gemeinsame Benutzung von Lägern und Transporteinrichtungen.[86] Eine solche Kooperation kann sich dabei auf bestimmte Erzeugnisse, bestimmte Abnehmergruppen oder bestimmte Absatzgebiete beziehen.[87]

Ein besonders interessantes Anwendungsgebiet für eine Kooperation im Bereich des Vertriebs bildet der gemeinsame Export, auf den wir im Rahmen unserer Fallstudie über die Exportkooperation für den britischen Markt bereits näher eingegangen sind.[88]

Ebenfalls von Bedeutung innerhalb der Funktion des Absatzes ist die Kooperation auf dem Gebiet der Werbung. So bezeichneten 5,3 % der von uns befragten Unternehmen der Textilindustrie diese Form der Zusammenarbeit für besonders erfolgversprechend. Allerdings stimmten von den Unternehmen der Bekleidungsindustrie nur 2,9 % der Unternehmen für diesen Bereich.

Die praktische Durchführung einer derartigen Kooperation kann einmal in der anonymen Werbung bestehen, bei der lediglich auf die Erzeugnisgruppe hingewiesen wird. Ein solches Vorgehen dient in der Regel zur Vorbereitung bzw. Ergänzung der Individualwerbung der einzelnen Unternehmen. Zum anderen besteht die Möglichkeit der gemeinsamen Werbung für ein näher bezeichnetes Erzeugnis, bei der speziell auf die einzelnen Hersteller hingewiesen wird. Ein solches Vorgehen dient vor allem der Steigerung oder Rationalisierung der Individualwerbung der beteiligten Unternehmen.[89]

Eine weitere Kooperationsmöglichkeit innerhalb der Funktion des Absatzes besteht schließlich in der gemeinsamen Marktforschung. Diese Form der Zusammenarbeit hielten 3,1 % der Unternehmen der Textilindustrie und 2,1 % der Unternehmen der Bekleidungsindustrie für besonders erfolgversprechend.

Als Möglichkeiten für die Durchführung einer Kooperation auf diesem Gebiet bieten sich z.B. die Koordination der Marktforschungsstellen der einzelnen Unternehmen, die Gründung einer gemeinsamen Marktforschungsstelle oder die gemeinsame Beauftragung von Marktforschungsinstituten an.[9o]

4.4.3.3.5 Der Bereich der Verwaltung

Einen weiteren möglichen Kooperationsbereich bildet schließlich die Funktion der Verwaltung. Wie Tabellen 31 und 4o (Anhang) zeigen, wurde diesem Bereich von den Unternehmen der Textilwirtschaft die geringste Bedeutung zugemessen. So hielten eine Kooperation innerhalb dieser Funktion nur 1o,8 % der Unternehmen der Textilindustrie und 1o,5 % der Unternehmen der Bekleidungsindustrie für besonders erfolgversprechend.

Eine der wichtigsten Kooperationsmöglichkeiten im Bereich der Verwaltung bildet das Gebiet der Elektronischen Datenverarbeitung (EDV). Vielen mittelständischen Unternehmen der Textilwirtschaft wird im Wege der Kooperation die wirtschaftliche Nutzung von EDV-Anlagen erst ermöglicht[91] - sei es, daß eine gemeinsame EDV-Anlage errichtet wird, oder sei es, daß freistehende EDV-Kapazitäten anderen Unternehmen zur Verfügung gestellt werden.

Eine weitere Möglichkeit innerhalb der Verwaltungsfunktion bildet die gemeinsame Durchführung von Betriebsvergleichen. Hauptziel dieser Vergleiche ist es, die Position der beteiligten Unternehmen festzustellen und Ansatzpunkte für die Rationalisierung und die Behebung von Fehlerquellen aufzuzeigen.[92] Als Grundlage für derartige Betriebsvergleiche dienen z.B. Ziffern der Bilanz- und Erfolgsrechnung, der Liquidität, der Personalstruktur, der Kostenrechnung oder der Plankostenrechnung.[93]

4.4.3.3.6 Zusammenfassung

Zusammenfassend läßt sich hinsichtlich der Beurteilung der Erfolgsaussichten für die einzelnen Kooperationsbereiche durch die befragten Unternehmen folgendes feststellen:

- Der wichtigste Kooperationsbereich für die Unternehmen der Textilwirtschaft der BRD ist der Bereich der Fertigung, wobei hier der Erfahrungsaustausch, die gemeinsame Produktion sowie die Forschung und Entwicklung als besonders erfolgversprechend angesehen werden.

- Ferner von Bedeutung für die Unternehmen der Textilwirtschaft der BRD sind die Kooperationsbereiche des Absatzes und der Beschaffung, wobei innerhalb der Absatzfunktion der Erfahrungsaustausch und der gemeinsame Vertrieb, sowie innerhalb der Beschaffungsfunktion der gemeinsame Einkauf hervorzuheben sind.

- Der Funktionsbereich der Verwaltung spielt für die Kooperation in der Textilwirtschaft der BRD nur eine geringe Rolle.

4.4.3.4 Die Beurteilung der Hauptschwierigkeiten bei der Verwirklichung einer Kooperation

Ein weiterer Aspekt, der für unsere Untersuchung von großem Interesse ist, bildet die Frage nach den Hauptschwierigkeiten bei der Realisierung einer Kooperation in der Praxis der Textilwirtschaft der BRD. Abbildung 9 zeigt, wie dieser Punkt von den Unternehmen der Bekleidungsindustrie beurteilt wurde.

Abb. 9: Die Beurteilung der Hauptschwierigkeiten bei der Verwirklichung einer Kooperation durch die Unternehmen der Textilindustrie und der Bekleidungsindustrie der BRD[1]

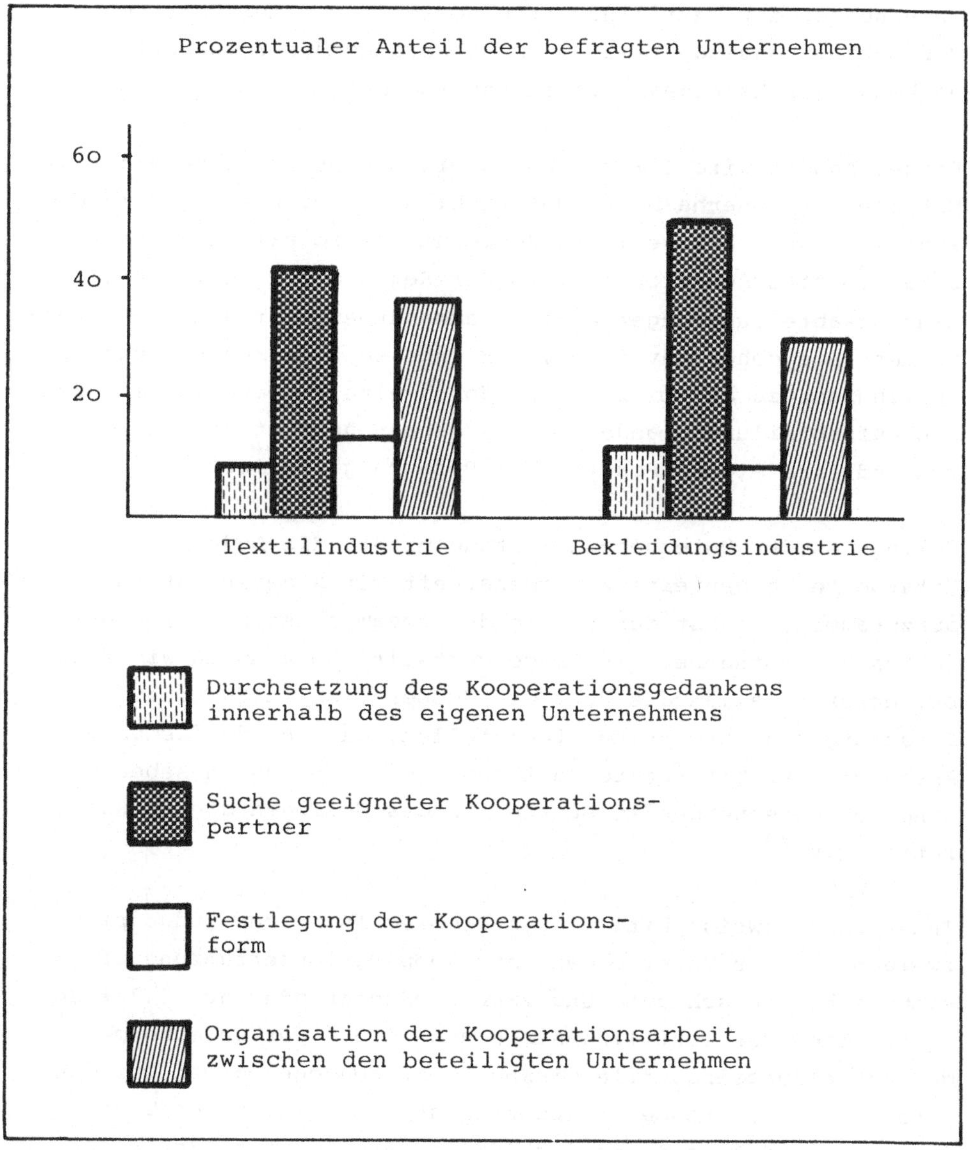

1 Quelle: Siehe Tabellen 39 und 48 (Anhang).

Eine weitere Differenzierung der Antworten der befragten Unternehmen ergibt sich aus Tabellen 39 und 48 (Anhang).

Als eine der Hauptschwierigkeiten bei der Verwirklichung eines konkreten Kooperationsvorhabens in der Praxis gaben 8,4 % der Unternehmen der Textilindustrie sowie 12,o % der Unternehmen der Bekleidungsindustrie die Durchsetzung des Kooperationsgedankens innerhalb des eigenen Unternehmens an.

Dieser Aspekt wird immer dann zu einem Problem, wenn einzelne Mitarbeiter innerhalb des Unternehmens befürchten, daß ihre Position durch das geplante Kooperationsprojekt untergraben wird. So sträuben sich z.B. in der Regel die Mitglieder der Einkaufsabteilung gegen eine Zusammenarbeit mit anderen Unternehmen. Sie gehen davon aus, daß ihre seit Jahren bestehenden Beziehungen zu den Lieferanten durch eine Kooperation mit den Einkaufsabteilungen anderer Unternehmen gestört werden könnten und ihre eigene Position an Bedeutung verliert.

Gelingt es der Unternehmensleitung nicht, die Bedenken ihrer Mitarbeiter gegen eine Zusammenarbeit mit anderen Unternehmen auszuräumen, so ist der Erfolg des gesamten Kooperationsprojektes von vornherein in Frage gestellt. So konnten wir z.B. bei unserer Fallstudie über die Kooperation im Bereich der Forschung und Entwicklung feststellen, daß gerade die bewußte Ansprache der Mitarbeiter auf den einzelnen Führungsebenen eine der entscheidenden Punkte für das Gelingen dieser Kooperation war.[94]

Interessanterweise wird dieses Problem in beiden Industriezweigen von den Unternehmen ohne Kooperationserfahrung offensichtlich unterschätzt. Und zwar erwähnten hier nur 5,7 % der Unternehmen der Textilindustrie und 1o,3 % der Unternehmen der Bekleidungsindustrie diesen Punkt. Dagegen gaben bei den Unternehmen mit Kooperationserfahrung 1o,1 % aus der Textilindustrie und 14,o % aus der Bekleidungsindustrie diesen Aspekt als Hauptschwierigkeit an.

Von einer wesentlich größeren Zahl der Unternehmen wurde die Suche geeigneter Kooperationspartner als Hauptproblem genannt. 41,7 % der Unternehmen der Textilindustrie und 49,8 % der Unternehmen der Bekleidungsindustrie erwähnten diesen Punkt.

Allerdings scheint hier eine Überbewertung dieses Problems vorzuliegen. So erwähnten z.B. für die Textilindustrie nur 38,3 % der Unternehmen mit Kooperationserfahrung aber 48,5 % der Unternehmen ohne Kooperationserfahrung diese Schwierigkeit. Die entsprechenden Werte für die Bekleidungsindustrie liegen bei 47,o % und 52,3 % der Unternehmen.

Ferner scheint dieses Problem bei den Unternehmen unter 4oo Beschäftigten größer zu sein als bei den Unternehmen über 4oo Beschäftigten. So gaben in der Textilindustrie 5o,6 % der kleineren aber nur 32,4 % der größeren Unternehmen die Suche geeigneter Kooperationspartner als Hauptschwierigkeit an. Die entsprechenden Werte für die Bekleidungsindustrie liegen bei 53,5 % und 42,9 % der befragten Unternehmen. Diese unterschiedliche Bewertung ist wahrscheinlich darauf zurückzuführen, daß ein kleineres Unternehmen im Rahmen seiner allgemeinen Geschäftsbeziehungen über weniger Kontaktmöglichkeiten verfügt, als dies bei einem größeren Unternehmen der Fall ist.

Auf die Problematik der Suche geeigneter Kooperationspartner sind wir zum erstenmal bereits bei der Untersuchung der Einstellung der Unternehmen zur Kooperation gestoßen. Wir haben festgestellt, daß der überwiegende Teil der Unternehmen der Textilindustrie und der Bekleidungsindustrie der BRD die Kooperation zwar als eine sinnvolle Alternative der Unternehmenspolitik einschätzt, doch zugleich davon ausgeht, daß die übrigen Unternehmen der Branche nur wenig Bereitschaft zu einer solchen Kooperation aufbringen.[95]

Somit kann auf diesen Aspekt nicht genügend hingewiesen werden. Hier besteht die große Gefahr, daß manches geplante Kooperationsvorhaben wieder verworfen wird, da ein großer Teil der Unternehmen eine bedeutende Schwierigkeit darin sieht, einen kooperationsbereiten Partner zu finden. Eine mögliche Lösung dieses Problems liegt in der Inanspruchnahme beratender und unterstützender Institutionen bei der Vermittlung potentieller Kooperationspartner. Auf diesen Aspekt werden wir im letzten Abschnitt dieses Kapitels noch näher eingehen.

Wesentlich weniger Schwierigkeiten bildet dagegen für die Unternehmen der Textilwirtschaft der BRD die Festlegung der Kooperationsform. Dieser Aspekt wurde lediglich von 13,2 % der Unternehmen der Textilindustrie sowie von 8,3 % der Unternehmen der Bekleidungsindustrie als Hauptschwierigkeit genannt.

Zu Beginn unserer Untersuchung haben wir bereits festgestellt, daß die Form einer Kooperation im wesentlichen durch die Kriterien der Kooperationsrichtung, der Kooperationsart, des Kooperationsbereichs, der Zahl der Partner sowie der nationalen und internationalen Herkunft der Partner näher bestimmt wird.[96] Ein Teil dieser Kriterien ergibt sich bereits aus der konkreten Situation der kooperierenden Unternehmen, so daß ein Wahlproblem in der Regel nur hinsichtlich der Kooperationsbereiche sowie der Kooperationsart besteht.

Interessanterweise werden die Schwierigkeiten bei der Festlegung der Kooperationsform in beiden Industriezweigen von den größeren Unternehmen wesentlich stärker hervorgehoben, als dies bei den kleineren Unternehmen der Fall ist. So bezeichneten in der Textilindustrie 2o,8 % der größeren Unternehmen, aber nur 6,8 % der kleineren Unternehmen diesen Aspekt als Hauptschwierigkeit für die Realisierung einer Kooperation in der Praxis. In der Bekleidungsindustrie wurde dieser Punkt von 13,2 % der größeren und von 9,8 % der kleineren Unternehmen erwähnt.

Von wesentlich größerer Bedeutung ist schließlich noch ein weiteres Problem, die Organisation der Kooperationsarbeit. Dieser Punkt wurde von 36,7 % der Unternehmen der Textilindustrie sowie von 29,9 % der Unternehmen der Bekleidungsindustrie als Hauptschwierigkeit genannt.

Dabei wird dieses Problem in beiden Industriezweigen von den Unternehmen ohne Kooperationserfahrung eindeutig unterschätzt. So erwähnten in der Textilindustrie nur 33,8 % der Unternehmen ohne Kooperationserfahrung, aber 37,5 % der Unternehmen mit Kooperationserfahrung diesen Punkt. Die entsprechenden Werte für die Unternehmen der Bekleidungsindustrie lauten 28,4 % und 35,o %.

Ferner läßt sich feststellen, daß die Organisation der Kooperationsarbeit den größeren Unternehmen erheblich mehr Schwierigkeiten bereitet, als dies bei den kleineren Unternehmen der Fall ist. So erwähnten in der Textilindustrie 4o,8 % der größeren Unternehmen und 32,1 % der kleineren Unternehmen diese Schwierigkeit. In der Bekleidungsindustrie wurde sie von 3o,7 % der größeren Unternehmen und 25,3 % der kleineren Unternehmen genannt.

Die besondere Bedeutung dieses Aspektes ist bereits bei der Behandlung der Fallstudien aus der Textilwirtschaft der BRD deutlich geworden. Dort hat es sich in der Regel gezeigt, daß die richtige Organisation der Kooperationsarbeit zwischen den beteiligten Unternehmen eine der Hauptvoraussetzungen für den späteren Erfolg eines Kooperationsvorhabens darstellt. Da es sich hier um ein Kernproblem einer jeden Kooperation handelt, kann auf diesen Punkt nicht genügend hingewiesen werden.

Als wichtigste Ergebnisse lassen sich somit festhalten:

- Nach Meinung der Unternehmen der Textilindustrie und der Bekleidungsindustrie liegt eine der Hauptschwierigkeiten bei der Realisierung eines Kooperationsprojektes in der Suche geeigneter Kooperationspartner.

- Ähnlich große Schwierigkeiten ergeben sich ferner für die Unternehmen der Textilindustrie und der Bekleidungsindustrie bei der Organisation der Kooperationsarbeit zwischen den beteiligten Unternehmen.

4.4.4 Die Bedeutung beratender und unterstützender Institutionen

4.4.4.1 Vorbemerkung

Wie wir gesehen haben, bilden die Suche geeigneter Kooperationspartner sowie die Organisation der Kooperationsarbeit zwischen den Unternehmen die Hauptschwierigkeiten bei der Realisierung eines Kooperationsvorhabens in der Textilwirtschaft der BRD.

In beiden Fällen können beratende und unterstützende Institutionen erheblich zur Lösung der anstehenden Probleme beitragen. Sie sind zum einen in der Lage, auf Grund ihrer neutralen Stellung und ihrer Kontaktmöglichkeiten als Vermittler zwischen potentiellen Kooperationspartnern aufzutreten. Zum anderen sind sie durch ihre Erfahrungen dafür prädestiniert, bei den in der Regel oft schwierigen Gründungsverhandlungen Hilfestellungen zu leisten, sowie bei der Organisation der Kooperationsarbeit zwischen den beteiligten Unternehmen als Berater tätig zu sein.

Im folgenden wollen wir untersuchen, welche Institutionen dieser Art für die Unternehmen der Textilwirtschaft der BRD zur Verfügung stehen.

Im wesentlichen können hier das Rationalisierungskuratorium der Deutschen Wirtschaft, das "Heiratsbüro" für Unternehmen der EG-Kommission, die Industrie- und Handelskammern sowie Banken- und Unternehmensberater genannt werden.

4.4.4.2 Das Rationalisierungskuratorium der Deutschen Wirtschaft

Eine der wichtigsten Institutionen für die Zusammenführung potentieller Kooperationspartner ist das Rationalisierungskuratorium der Deutschen Wirtschaft (RKW).

Von dieser Institution wird seit 1965 ein regelmäßiger Informationsdienst, die "RKW-Kooperationsbörse", zur Veröffentlichung von Kooperationswünschen in- und ausländischer Unternehmen betrieben. Der Informationsdienst steht allen Unternehmen kostenlos zur Verfügung. Sämtliche auf veröffentlichte Kooperationsvorhaben eingehenden Interessentenmeldungen werden umgehend vom RKW an das inserierende Unternehmen weitergeleitet.

Die Veröffentlichung dieses Informationsdienstes erfolgt jeweils zu Beginn eines jeden Monats durch das RKW. Darüber hinaus wird die "Kooperationsbörse" innerhalb der BRD von einer Reihe von Industrie- und Handelskammern, Industrieverbänden, Banken und Wirtschaftsdiensten vollständig oder teilweise in ihren Mitteilungen abgedruckt.

Im Ausland sorgen Außenhandelskammern, diplomatische Vertretungen, öffentliche Dienststellen und Informationsdienste für die weitere Verbreitung der "Kooperationsbörse".[97]

1972 konnten auf diese Weise 573 Kooperationsgesuche veröffentlicht werden. Davon entfielen 226 auf inländische Unternehmen und 347 auf ausländische Unternehmen. Auf den Bereich der Textilindustrie und der Bekleidungsindustrie entfielen insgesamt 37 Kooperationsgesuche. Auf diese 573 Kooperationsgesuche meldeten sich 2 189 Interessenten. Dabei stammte der weitaus größte Teil, nämlich 2 142 Unternehmen, aus dem Bereich der Klein- und Mittelbetriebe. Aus dem Bereich der Großbetriebe meldeten sich dagegen nur 46 Unternehmen als Interessenten.[98]

Über diesen Informationsdienst hinaus stellt sich das RKW als Berater bei Kooperationsverhandlungen zur Verfügung. Innerhalb der einzelnen RKW-Landesgruppen stehen Beratungsdienste bereit, um jederzeit bei der Verwirklichung eines Kooperationsprojektes Hilfestellung zu leisten.[99]

4.4.4.3 Das "Heiratsbüro" der EG-Kommission

Eine weitere wichtige Institution zur Vermittlung von Kooperationspartnern bildet das sogenannte "Heiratsbüro für Unternehmen" der EG-Kommission in Brüssel, das zu Beginn des Jahres 1973 gegründet wurde.[100]

Die Hauptaufgabe dieses Büros besteht darin, innerhalb der Europäischen Gemeinschaft Kontakte zwischen Unternehmen zu vermitteln, die an einer Kooperation interessiert sind. Darüber hinaus soll es die Organe der Gemeinschaft über Hindernisse unterrichten, die eine solche Zusammenarbeit beeinträchtigen. Diese Institution stellt damit vor allem für jene Unternehmen eine wichtige Hilfe dar, die an einer Kooperation mit ausländischen Unternehmen innerhalb der Europäischen Gemeinschaft interessiert sind.

4.4.4.4 Fachverbände und Industrie- und Handelskammern

Die Fachverbände und die Industrie- und Handelskammern kommen als Vermittlungsstelle vor allem dann in Betracht, wenn Kooperationspartner innerhalb der gleichen Branche bzw. eines regional eng begrenzten Raumes gesucht werden. Die meisten dieser Institutionen veröffentlichen regelmäßig oder sporadisch im Rahmen von Rundschreiben oder speziellen Informationsdiensten die Kooperationswünsche ihrer Mitgliedsfirmen.[1o1]

Seit einiger Zeit besteht ferner beim Deutschen Industrie- und Handelstag eine zentrale Vermittlungsstelle für Kooperationswünsche, die Kooperationsgesuche aus dem gesamten Bundesgebiet entegennimmt. Darüber hinaus vermittelt diese Stelle die Kooperationswünsche ausländischer Unternehmen, die über die Auslandskammern an sie herangetragen werden.[1o2] Damit gewinnt diese Institution auch auf internationaler Ebene für die Kooperationsvermittlung zunehmende Bedeutung.

4.4.4.5 Banken

Eine gewisse Bedeutung auf dem Gebiet der Kooperationsvermittlung haben auch die Banken erlangt. Dies ist nicht zuletzt auf ihre relativ neutrale Stellung und ihre zahlreichen Kontaktmöglichkeiten zu Unternehmen zurückzuführen.

So bemüht sich beispielsweise die Dresdner Bank AG durch ihre "Kontaktbriefe" um die Vermittlung bei Kooperationsvorhaben. Dieser Informationsdienst erscheint seit 1967 jedes Vierteljahr und findet seine Verbreitung über die zahlreichen Geschäftsstellen dieser Bank.[1o3]

Ähnlich wie beim Informationsdienst des RKW wird auch hier den Unternehmen die Möglichkeit geboten, kostenlos ihre Kooperationswünsche zu veröffentlichen. Dabei nehmen innerhalb dieser "Kontaktbriefe" Beteiligungs- und Lizenzgesuche einen großen Teil der Kooperationswünsche ein.[1o4]

4.4.4.6 Unternehmensberater

Eine weitere Möglichkeit der Kooperationsvermittlung besteht schließlich in der Hinzuziehung von Unternehmensberatern.

Doch ist hierbei zu beachten, daß der Kreis der potentiellen Kooperationspartner, die ein Unternehmensberater mit einem bestimmten Kooperationsgesuch ansprechen kann, relativ klein ist. Hier sind die Kontaktmöglichkeiten größerer Institutionen, wie z.B. der Verbände und der Industrie- und Handelskammern wesentlich zahlreicher.

Jedoch vermag ein Unternehmensberater gerade bei den schwierigen ersten Kontaktgesprächen als neutraler Mittler entscheidende Hilfe zu leisten, da er in der Regel über die erforderlichen Erfahrungen auf dem Gebiet der Kooperation verfügt.[106] Diese Möglichkeit ist bei der Kooperationsvermittlung durch die oben erwähnten größeren Institutionen nur in geringem Maße gegeben.

ANMERKUNGEN

1 Vgl. Gesetz gegen Wettbewerbsbeschränkungen in der Fassung vom 27. Juli 1957

2 Vgl. Stenographischer Bericht über die 9o. Sitzung des Deutschen Bundestages vom 18. Oktober 1963

3 Vgl. Zwischenbetriebliche Zusammenarbeit im Rahmen des Gesetzes gegen Wettbewerbsbeschränkungen, Zusammenstellung des Bundesministers für Wirtschaft vom 29. Oktober 1963

4 Vgl. Vereinbarungen, Beschlüsse und aufeinander abgestimmte Verhaltensweisen, die eine zwischenbetriebliche Zusammenarbeit betreffen. Bekanntmachung der Kommission der Europäischen Gemeinschaften vom 29. Juli 1968

5 Vgl. J. POECHE, Entwicklung der Kooperationsidee. In: 1o Jahre Kartellgesetz 1958 - 1968. Eine Würdigung aus der Sicht der Deutschen Industrie. Hrsg.: Arbeitskreis Kartellgesetz im Ausschuß für Wettbewerbsordnung des Bundesverbandes der Deutschen Industrie, Bergisch Gladbach 1968, S. 122 ff.

6 Vgl. hierzu die Literaturangaben in W. BENISCH, Kooperationsfibel, Bundesrepublik und EWG, 3. Aufl., Bergisch Gladbach 1969 sowie in Handbuch der Unternehmenszusammenschlüsse. Hrsg.: A. SÖLTER, C. ZIMMERER, München 1972

7 Vgl. F.C. CRIEGEE, Das Sortenproblem der Deutschen Rohwebereien, Möglichkeiten und Grenzen seiner Lösung auf betrieblicher und überbetrieblicher Ebene, Diss. Tübingen 196o

8 Vgl. W. INDERFURTH, Möglichkeiten der überbetrieblichen Zusammenarbeit von Klein- und Mittelbetrieben in der westfälischen Textilindustrie - dargestellt am Beispiel der Stadt Bocholt, Diss. Köln 1967

9 Vgl. K.H. FISCHER, Konzentration und Kooperation in der schweizerischen Textilwirtschaft, Winterthur 1969

1o E. BOETTCHER, Kooperation und Demokratie in der Wirtschaft (Schriften zur Kooperationsforschung, A. Studien, Band 1o, Hrsg.: E. BOETTCHER), Tübingen 1974, S. 22

11 Vgl. A. SÖLTER, Grundzüge industrieller Kooperationspolitik. "Wirtschaft und Wettbewerb", Düsseldorf, 16. Jg., Heft 3 (1966), S. 236

12 Vgl. A. ASCHOFF, Kooperation und Gesetzgebung. "Management International", Sonderband zur V. Europäischen Management Konferenz des CECIOS am 16.6.1965 in München, Wiesbaden 1966, S. 797

13 Vgl. § 1 Abs. 1 Gesetz gegen Wettbewerbsbeschränkungen. In der Fassung vom 3. Januar 1966

14 Vgl. W. BENISCH, Kooperationen. In: Handbuch der Unternehmenszusammenschlüsse. Hrsg.: A. SÖLTER, C. ZIMMERER, München 1972, S. 152 f.

15 Vgl. W. DÖRINKEL, Kartelle, Verkaufsgemeinschaften und Syndikate. In: Handbuch der Unternehmenszusammenschlüsse, a.a.O., S. 175
Vgl. K. BAREIN, E. GAU, H. VON KORTZFLEISCH und J. POECHE, Praktische Wege zur Kooperation (Unternehmensführung in der Praxis. Hrsg.: E. HOTZ, C. KNOTT und E.W. MOMMSEN). Bad Wörishofen 1969, S. 76 ff.

16 Vgl. A. SÖLTER, Konzentration. In: Managment-Enzyklopädie, Bd. 3, München 197o, S. 1o18 ff.

17 Vgl. W. BENISCH, Kooperationen, a.a.O., S. 151

18 Vgl. A. SÖLTER, Konzentrationen, a.a.O., S. 1o2o

19 Vgl. W. BENISCH, Kooperationen, a.a.O., S. 151

2o Vgl. W. WUNDEN, Die Textilwirtschaft der Bundesrepublik Deutschland im Strukturwandel. Basel-Tübingen 1969, S. 5

21 Vgl. M. BREITENACHER, Textilindustrie. 2. neubearbeitete Aufl., Berlin-München 1971, S. 6o

22 Vgl. M. BREITENACHER, a.a.O., S. 61

23 Vgl. GESAMTVERBAND DER TEXTILINDUSTRIE IN DER BUNDESREPUBLIK DEUTSCHLAND, Die Textilindustrie der Bundesrepublik Deutschland im Jahre ..., Frankfurt/Main, Jahrgänge 1963 und 1973

24 Vgl. W. WUNDEN, a.a.O., S. 4

25 Vgl. GESAMTVERBAND DER TEXTILINDUSTRIE IN DER BUNDESREPUBLIK DEUTSCHLAND, Die Textilindustrie der Bundesrepublik Deutschland im Jahre ..., Frankfurt/Main, Jahrgänge 1962 und 1973

26 Vgl. M. BREITENACHER, a.a.O., S. 83 ff.

27 STATISTISCHES BUNDESAMT, Fachserie L, Finanzen und Steuern, Reihe 7, Umsatzsteuer (Ergebnisse der Umsatzsteuerstatistik) mehrere Jahrgänge

28 Vgl. W. INDERFURTH, a.a.O., S. 8 ff.
Vgl. CEPES/RKW, Grenzüberschreitende Unternehmenskooperation in der EWG, Praktische Erfahrungen und künftige Möglichkeiten. Stuttgart 1968, S. 157 ff.

29 Vgl. E. BOETTCHER, a.a.O., S. 39

3o Vgl. E. BOETTCHER, a.a.O., S. 39 f.
Vgl. H.D. SCHOLTZ, Kann Kooperation mit weniger rentablen Unternehmen Vorteile bringen?, "Der Betrieb, Wochenschrift für Betriebswirtschaft", Düsseldorf, 23. Jg., Heft 41 (1968), S. 18 ff.

31 Vgl. W. BENISCH, Kooperationen, a.a.O., S. 158

32 Vgl. E. BOETTCHER, a.a.O., S. 4o f.

33 Vgl. W. BENISCH, Kooperationen, a.a.O., S. 158 f.

34 Vgl. E. BOETTCHER, a.a.O., S. 41 f.

35 Vgl. J. BIDLINGMAIER, Begriff und Formen der Kooperation im Handel. In: Absatzpolitik und Distribution, Wiesbaden o.J., S. 35o ff.
Vgl. H. RÜHLE VON LILIENSTERN, Konkurrenzfähiger durch zwischenbetriebliche Kooperation. Stuttgart 1963, S. 75 ff.
Vgl. A. SÖLTER, Grundzüge industrieller Kooperationspolitik, a.a.O., S. 234
Vgl. F. HENZEL, Kooperation von Produktionsbetrieben. "Zeitschrift für Betriebswirtschaft", Wiesbaden, 38. Jg., Bd. 11 (1968), S. 795 ff.
Vgl. H. KNOBLICH, Zwischenbetriebliche Kooperation. Wesen, Formen und Ziele. "Zeitschrift für Betriebswirtschaft", Wiesbaden, 39. Jg., Bd. 8 (1969), S. 497 ff.
Vgl. E. GERTH, Zwischenbetriebliche Kooperation. Stuttgart 1971, S. 15 ff.

36 Vgl. W. BENISCH, Kooperationen, a.a.O., S. 164 ff.

37 Vgl. R. ESCHENBURG, Ökonomische Theorie der genossenschaftlichen Zusammenarbeit (Schriften zur Kooperationsforschung, A. Studien, Band 1. Hrsg.: E. BOETTCHER, F. KLEIN, U. LEFFSON und H. WESTERMANN). Tübingen 1971, S. 9

38 Vgl. ebenda, S. 9

39 Vgl. M. STRAUBE, Zwischenbetriebliche Kooperation, Wiesbaden o.J., S. 81

4o Die Berichte des Bundeskartellamtes erscheinen im Bundesanzeiger sowie in der Zeitschrift "Wirtschaft und Wettbewerb"

41 Vgl. W. BENISCH, Kooperationsfibel, a.a.O., S. 2oo

42 Vgl. Verbundvorgänge und Konzentrationsbewegungen in der internationalen Textilwirtschaft. Hrsg.: BETRIEBSWIRTSCHAFTLICHES INSTITUT DER DEUTSCHEN SEIDEN- UND SAMTINDUSTRIE GMBH, Krefeld, Ausgabe 1-9
Vgl. Verbund-Kompendium. Hrsg.: GESAMTVERBAND DER TEXTILINDUSTRIE IN DER BUNDESREPUBLIK DEUTSCHLAND, Frankfurt/Main

43 Den Kooperationsgrad der Unternehmen der Textilwirtschaft der BRD werden wir im weiteren Verlauf der Untersuchung noch näher bestimmen (vgl. S.

44 Vgl. S. 34 ff.

45 Vgl. H. HADORN, Verbund und Konzentration in der europäischen Textilindustrie, Vortrag gehalten an der textilwirtschaftlichen Fachtagung im Rahmen der IGT 1965 in der Aula der Hochschule St. Gallen für Wirtschafts- und Sozialwissenschaften.
Vgl. K. FISCHER, a.a.O., S. 178 ff.
Vgl. G. PESCH, Das Moderisiko in der Textilwirtschaft (Schriften zur Textilwirtschaft, Bd. 16. Hrsg.: Forschungsstelle für allgemeine und textile Marktwirtschaft an der Universität Münster). Münster 1973, S. 114 f.
Vgl. W. BENISCH, Kooperationen, a.a.O., S. 157

46 Vgl. Art. Präsentation im Verbund, "Textil-Mitteilungen" Nr. 17 vom 8.2.1973

47 Vgl. S. 36

48 Vgl. S. 1o9 ff.

49 Vgl. S. 39

5o Vgl. Handbuch der Textil-Einkaufsverbände des In- und Auslandes. Hrsg.: VEREINIGUNG DER TEXTIL-EINKAUFSVERBÄNDE UND DER ZENTRALVERBAND GEWERBLICHER EINKAUFSVEREINIGUNGEN DES HANDELS E.V., Köln 1965, S. 15 ff.

51 Vgl. Der Wandel der Kooperationsformen im Einzelhandel, dargestellt am Modell des Textileinzelhandels. Hrsg.: BETRIEBSWIRTSCHAFTLICHE BERATUNGSSTELLE FÜR DEN EINZELHANDEL GMBH, Köln 1972, S. 79 ff.

52 Grundlage für diese Fallstudie bildet die Forbentra GmbH, Düsseldorf, Marienstr. 2o, Interview mit Herrn Dr. W. GUTBERLET, Geschäftsführer der Forbentra GmbH, Düsseldorf am 23.3.1973

53 Vgl. Firmenprospekt der Forbentra GmbH, Düsseldorf 1972

54 Vgl. Entwicklungen und Erfahrungen eines Textillohnveredlerverbundes, Ein Interview mit der Forbentra GmbH,

Düsseldorf. "Textil-Industrie", Frankfurt, 73. Jg., Heft 4 (1971), S. 224

55 Vgl. W. GUTBERLET, Aufbau und Organisation einer Gruppenkooperation. In: 1o Jahre Kartellgesetz 1958-1968. Eine Würdigung aus der Sicht der Deutschen Industrie. Hrsg.: Arbeitskreis Kartellgesetz im Ausschuß für Wettbewerbsordnung des Bundesverbandes der Deutschen Industrie, Bergisch Gladbach 1968, S. 239

56 W. GUTBERLET, Aufbau und Organisation einer Gruppenkooperation, a.a.O., S. 245

57 Vgl. Firmenprospekt der Forbentra GmbH, a.a.O.

58 Als Textilhilfsmittel bezeichnet man Erzeugnisse der chemischen Industrie, die die Durchführung der textilen Prozesse ermöglichen, erleichtern oder in irgendeiner Weise günstig beeinflussen. Vgl. hierzu Art. Textilhilfsmittel. Großes Textillexikon, Fachlexikon für das gesamte Textilwesen. Hrsg.: P.A. KOCH und G. SATLOW, Stuttgart, Band 2 1965, S. 471

59 Vgl. Art. Farbmetrik-Organisation der Forbentra. "Chemiefasern/Textil-Industrie", Frankfurt, 23./75. Jg., Heft 1 (1973), S. 32 f.

6o Vgl. Art. Farbmetrik-Organisation der Forbentra, a.a.O., S. 33

61 Vgl. ebenda

62 Grundlage für diese Fallstudie bildet eine Kooperation zwischen Tuchwebereien im rheinischen Raum, die namentlich nicht erwähnt werden möchten. Interview mit dem Geschäftsführer der Kooperation sowie einem Herrn aus der Geschäftsleitung eines der beteiligten Unternehmen am 24.4.1973

63 Grundlage für diese Fallstudie bildet der Cologne Fashion Club Ltd. London, Interview mit dem Initiator dieser Kooperation Herrn W. GEITZENAUER, stellv. Geschäftsführer des Verbandes der Deutschen Herren-Knaben-Oberbekleidungsindustrie e.V. in Köln am 11.4.1974

64 Vgl. Art. Cologne Fashion Club - vereint in England Fuß fassen. "Textil-Wirtschaft" Nr. 48 vom 3o.11.1973

65 Vgl. hierzu auch BDI/RKW, Leitfaden für die Kooperation im Export (Schriftenreihe für die Kooperationspraxis), Stuttgart 1973, S. 73 ff.

66 Vgl. Gesellschaftsvertrag zur Exportgemeinschaft (Anhang S. 192 ff.

67 Grundlage für diese Fallstudie bildet die Kooperation eines Unternehmens der Maschenindustrie aus dem Raum Baden-Württemberg, das namentlich nicht erwähnt werden möchte. Interview mit dem Berater dieser Kooperation, Herrn H. FRODERMANN, Unternehmensberater, in München am 19.7. 1974

68 Beim Colorplast-Verfahren ist es erforderlich, daß die einzelnen Strumpfteile von Hand auf Metallformen aufgezogen werden. Der Prozeß des Vorreinigen, Hydrofixieren, Färben und Trocknen ist dagegen weitgehend automatisiert. Anschließend müssen die Teile wieder von Hand von den Metallformen abgezogen werden. Vgl. hierzu Art. Colorplast-Maschine. Großes Textil-Lexikon, Fachlexikon für das gesamte Textilwesen. Hrsg.: P.A. KOCH und G. SATLOW, Stuttgart, Band 1 1965, S. 241

69 Vgl. hierzu auch W. von LINGELSHEIM-SEIBICKE, Kooperation mit Unternehmen in Staatshandelsländern Osteuropas, Einführung in die Praxis, Köln 1974, S. 48

7o Vgl. hierzu auch Art. Koproduktion im roten Osten. "Textil-Wirtschaft" Nr. 1 vom 4.1.1973

71 Vgl. hierzu auch K. BOLZ, P. PLÖTZ, Erfahrungen aus der Ost-West-Kooperation (Veröffentlichungen des HWWA-Instituts für Wirtschaftsforschung - Hamburg), Hamburg 1974, S. 28 ff. und H. GROHMANN, Wirtschaftliche Fakten zu einer politischen Idee: Die Verbesserung der Ost-West-Beziehungen. "WSI Mitteilungen", Zeitschrift des wirtschafts- und sozialwissenschaftlichen Instituts des Deutschen Gewerkschaftsbundes GmbH, Köln, 27. Jg., Heft 2 (1974), S. 69 ff.

72 Vgl. hierzu auch W. von LINGELSHEIM-SEIBICKE, a.a.O., S. 57 ff.

73 Vgl. Fragebogen zur Kooperation in der Textilwirtschaft der BRD, Anhang S. 199 ff.

74 Vgl. hierzu auch: Wandel der Kooperationsformen im Einzelhandel, dargestellt am Modell des Textileinzelhandels, a.a.O., S. 2 f.

75 Vgl. hierzu auch die Zahl der erfaßten Chemiefaserunternehmen bei der Analyse der Entwicklung der Kooperationsformen in der Textilwirtschaft der BRD, S. 4o

76 Vgl. S. 31 f.

77 Vgl. S. 32 f.

78 Vgl. S. 33 f.

79 Vgl. S. 51

8o Vgl. H.F. GEILER, Die betriebliche Zusammenarbeit in der Textilindustrie. "Textil-Praxis", Stuttgart, 17. Jg., Heft 7 (1962), S. 1189 ff.

81 Vgl. BDI/RKW, Leitfaden für die Kooperation in der Beschaffung (Schriftenreihe zur Kooperationspraxis), Stuttgart 1969, S. 21 f.

82 Vgl. W. BENISCH, Kooperationsfibel, a.a.O., S. 21o

83 Vgl. CEPES/RKW, Grenzüberschreitende Unternehmenskooperation in der EWG, Praktische Erfahrungen und künftige Möglichkeiten. Stuttgart 1968, S. 44 f.

84 Vgl. D. ISSELHORST, Die ökonomische Bedeutung neuer technischer Verfahren in der Textilindustrie - dargestellt am Beispiel der Tufting-Innovation (Schriften zur Textilwirtschaft Band 25. Hrsg.: Forschungsstelle für allgemeine und textile Marktwirtschaft an der Universität Münster), Münster 1973, S. 68 ff.

85 Vgl. CEPES/RKW, a.a.O., S. 41 ff.
Vgl. K. FISCHER, a.a.O., S. 159 ff.

86 Vgl. BDI/RKW, Leitfaden für die Kooperation im Vertrieb (Schriftenreihe zur Kooperationspraxis), Stuttgart 1969, S. 89 ff. und S. 1o3 ff.

87 Vgl. W. BENISCH, Kooperationsfibel, a.a.O., S. 254

88 Vgl. S. 78 ff.

89 Vgl. D. IBIELSKI, Gemeinschaftswerbung - Prüffeld der Kooperation. "Rationalisierung". München, 14. Jg., Heft 12 (1963), S. 279

9o Vgl. W. BENISCH, Kooperationsfibel, a.a.O., S. 125 f.

91 Vgl. H. RÜHLE VON LILIENSTERN, a.a.O., S. 82 f.

92 Vgl. W. BENISCH, Kooperationsfibel, a.a.O., S. 13o f.

93 Vgl. ebenda, S. 133

94 Vgl. S. 71 f.

95 Vgl. S. 99 ff.

96 Vgl. S. 34 ff.

97 Vgl. A.E. PRADEL, Die Vermittlung von Kooperationspartnern, Erfahrungen - Ergebnisse - Empfehlungen (RKW-Studie), Frankfurt 197o, S. 4 ff.

98 RKW, Kooperationsbörse, Tätigkeitsberichte für das Jahr 1972. Frankfurt/Main 1973, S. 1 ff.

99 Vgl. L. FRIEDERIX, Kooperation in der Produktion. Formen und Möglichkeiten der zwischenbetrieblichen Zusammenarbeit in der Produktion (RKW-Studie), Düsseldorf o.J., S. 2o ff.

1oo Vgl. Art. Ein Heiratsbüro für EWG-Unternehmen. "Textilwirtschaft" Nr. 17 vom 26.4.1973

1o1 Vgl. J. POECHE, Zur Technik der zwischenbetrieblichen Zusammenarbeit, "Der Betrieb, Wochenschrift für Betriebswirtschaft", Düsseldorf, 2o. Jg., Heft 1 (1968), S. 2

1o2 Vgl. A.E. PRADEL, a.a.O., S. 1o

1o3 Vgl. J. POECHE, Zur Technik der zwischenbetrieblichen Zusammenarbeit, a.a.O., S. 2

1o4 Vgl. A.E. PRADEL, a.a.O., S. 11

1o5 Vgl. J. POECHE, Zur Technik der zwischenbetrieblichen Zusammenarbeit, a.a.O., S. 3
Vgl. H.O. RASCHE, Kooperation - Chance und Gewinn, Einführung und Leitfaden für wirtschaftliche Zusammenarbeit, Heidelberg 197o, S. 84

LITERATURVERZEICHNIS

A. Aufsätze und Bücher

Aschoff, Albrecht — Kooperation und Gesetzgebung. "Management International", Sonderband zur V. Europäischen Management Konferenz des CECIOS am 16.6.1965 in München, Wiesbaden 1966

Barein, Kurt
Gau, Eberhard
von Kortzfleisch, H.
Poeche, Jürgen — Praktische Wege zur Kooperation (Unternehmensführung in der Praxis, Hrsg.: E. Hotz, C. Knott und G.W. Mommsen), Bad Wörishofen 1969

BDI/RKW — Leitfaden für die Kooperation in der Beschaffung (Schriftenreihe zur Kooperationspraxis), Stuttgart 1969

Leitfaden für die Kooperation im Vertrieb (Schriftenreihe zur Kooperationspraxis), Stuttgart 1969

Leitfaden für die Kooperation im Export (Schriftenreihe zur Kooperationspraxis), Stuttgart 1973

Benisch, Werner — Kooperationsfibel, Bundesrepublik und EWG, 3. Aufl., Bergisch Gladbach 1969

Kooperationen. In: Handbuch der Unternehmenszusammenschlüsse, Hrsg.: A. Sölter, C. Zimmerer, München 1972

Bidlingmaier, Johannes — Begriff und Formen der Kooperation im Handel. In: Absatzpolitik und Distribution, Wiesbaden o.J.

Boettcher, Erik — Kooperation und Demokratie in der Wirtschaft (Schriften zur Kooperationsforschung, A. Studien, Band 1o, Hrsg.: E. Boettcher), Tübingen 1974

Bolz, Klaus und Plötz, Peter — Erfahrungen der Ost-West-Kooperation (Veröffentlichungen des HWWA-Instituts für Wirtschaftsforschung-Hamburg), Hamburg 1974

Breitenacher, Michael — Textilindustrie, 2. neubearbeitete Aufl., Berlin-München 1971

CEPES/RKW — Grenzüberschreitende Unternehmenskooperation in der EWG. Praktische Erfahrungen und künftige Möglichkeiten, Stuttgart 1968

Criegee, Friedrich C. — Das Sortenproblem der deutschen Rohwebereien. Möglichkeiten und Grenzen seiner Lösung auf betrieblicher und überbetrieblicher Ebene, Diss. Tübingen 196o

Dörinkel, Wolfram — Kartelle, Verkaufsgemeinschaften und Syndikate. In: Handbuch der Unternehmenszusammenschlüsse, Hrsg.: A. Sölter, C. Zimmerer, München 1972

Eschenburg, Rolf — Ökonomische Theorie der genossenschaftlichen Zusammenarbeit (Schriften zur Kooperationsforschung, A. Studien, Band 1, Hrsg.: E. Boettcher, F. Klein, U. Leffson und H. Westermann), Tübingen 1971

Fischer, Kurt H. — Konzentration und Kooperation in der schweizerischen Textilwirtschaft, Winterthur 1969

Friederix, Ludwig — Kooperation in der Produktion. Formen und Möglichkeiten zwischenbetrieblicher Zusammenarbeit in der Produktion (RKW-Studie), Düsseldorf o.J.

Gerth, Ernst — Zwischenbetriebliche Kooperation, Stuttgart 1971

Geiler, Hermann F. — Die betriebliche Zusammenarbeit in der Textilindustrie. "Textil-Praxis", Stuttgart, 17. Jg., Heft 7 (1962)

Grohmann, Herbert — Wirtschaftliche Fakten zu einer praktischen Idee: Die Verbesserung der Ost-West-Beziehungen. "WSI Mitteilungen", Zeitschrift des wirtschafts- und sozialwissenschaftlichen Instituts des Deutschen Gewerkschaftsbundes GmbH, Köln, 27. Jg., Heft 2 (1974)

Gutberlet, Wilhelm — Aufbau und Organisation einer Gruppenkooperation. In: 1o Jahre Kartellgesetz 1958 - 1968. Eine Würdigung aus der Sicht der Deutschen Industrie. Hrsg.: Arbeitskreis Kartellgesetz im Ausschuß für Wettbewerbsordnung des Bundesverbandes der Deutschen Industrie, Bergisch Gladbach 1968

Hadorn, Hans — Verbund und Konzentration in der europäischen Textilindustrie, Vortrag gehalten an der textilwirtschaftlichen Fachtagung im Rahmen der IGT 1965 in der Aula der Hochschule St. Gallen für Wirtschafts- und Sozialwissenschaften

Henzel, F. — Kooperation von Produktionsbetrieben. "Zeitschrift für Betriebswirtschaft", Wiesbaden, 38. Jg., Bd. 11 (1968)

Ibielski, Dieter — Gemeinschaftswerbung - Prüffeld der Kooperation. "Rationalisierung", München, 14. Jg., Heft 12 (1963)

Inderfurth, Werner — Möglichkeiten der überbetrieblichen Zusammenarbeit von Klein- und Mittelbetrieben in der westfälischen Textilindustrie - dargestellt am Beispiel der Stadt Bocholt, Diss. Köln 1967

Isselhorst, Dieter — Die ökonomische Bedeutung neuer technischer Verfahren in der Textilindustrie - dargestellt am Beispiel der Tufting-Innovation (Schriften zur Textilwirtschaft, Band 25, Hrsg.: Forschungsstelle für allgemeine und textile Marktwirtschaft an der Universität Münster), Münster 1973

Knoblich, Hans — Zwischenbetriebliche Kooperation. Wesen, Formen und Ziele. "Zeitschrift für Betriebswirtschaft", Wiesbaden, 39. Jg., Bd. 8 (1969)

von Lingelsheim-Seibicke, Wolfgang — Kooperation mit Unternehmen in Staatshandelsländern Osteuropas. Einführung in die Praxis, Köln 1974

Pesch, Gottfried — Das Moderisiko in der Textilwirtschaft (Schriften zur Textilwirtschaft , Bd. 16, Hrsg.: Forschungsstelle für allgemeine und textile Marktwirtschaft an der Universität Münster), Münster 1973

Poeche, Jürgen — Entwicklung der Kooperationsidee. In: 1o Jahre Kartellgesetz 1958-1968. Eine Würdigung aus der Sicht der deutschen Industrie. Hrsg.: Arbeitskreis Kartellgesetz im Ausschuß für Wettbewerbsordnung des Bundesverbandes der Deutschen Industrie, Bergisch Gladbach 1968

Zur Technik der zwischenbetrieblichen Zusammenarbeit. "Der Betrieb, Wochenschrift für Betriebswirtschaft", Düsseldorf, 2o. Jg., Heft 1 (1968)

Pradel, Ansgar E. — Die Vermittlung von Kooperationspartnern, Erfahrungen-Ergebnisse-Empfehlungen (RKW-Studie), Frankfurt/Main 197o

Rasche, Hans O. — Kooperation - Chance und Gewinn, Einführung und Leitfaden für wirtschaftliche Zusammenarbeit, Heidelberg 197o

Rühle von Lilienstern, Hans — Konkurrenzfähiger durch zwischenbetriebliche Kooperation, Stuttgart 1963

Scholtz, Helmut D. — Kann Kooperation mit weniger rentablen Unternehmungen Vorteile bringen? "Der Betrieb, Wochenschrift für Betriebswirtschaft", Düsseldorf, 23. Jg., Heft 41 (1968)

Sölter, Arno — Grundzüge industrieller Kooperationspolitik. "Wirtschaft und Wettbewerb", Düsseldorf, 16. Jg., Heft 3 (1966)

Konzentration. In: Mangement-Enzyklopädie, Bd. 3, München 197o

Straube, Manfred — Zwischenbetriebliche Kooperation, Wiesbaden o.J.

Wunden, Wilfried — Die Textilwirtschaft der Bundesrepublik Deutschland im Strukturwandel, Basel - Tübingen 1969

o.V. — Der Wandel der Kooperationsformen im Einzelhandel, dargestellt am Modell des Textileinzelhandels. Hrsg.: Betriebswirtschaftliche Beratungsstelle für den Einzelhandel GmbH, Köln 1972

Cologne Fashion Club - vereint in England Fuß fassen. "Textil-Wirtschaft", Nr. 48 vom 3o.11. 1973

Farbmetrik-Organisation der Forbentra. "Chemiefasern/Textil-Industrie", Frankfurt, 23./75. Jg., Heft 1 (1973)

Ein Heiratsbüro für EWG-Unternehmen, "Textil-Wirtschaft", Nr. 17 vom 26.4.1973

Entwicklungen und Erfahrungen eines Textillohnveredlerverbundes. Ein Interview mit der Forbentra GmbH, Düsseldorf, "Textil-Industrie", Frankfurt, 73. Jg., Heft 4 (1971)

Großes Textil-Lexikon, Fachlexikon für das gesamte Textilwesen, Hrsg.: P.A. Koch und G. Satlow, Stuttgart 1965

Handbuch der Textil-Einkaufsverbände des In- und Auslandes. Hrsg.: Vereinigung der Textileinkaufsverbände und der Zentralverband gewerblicher Einkaufsvereinigungen des Handels e.V., Köln 1965 o.V. Handbuch der Unternehmenszusammenschlüsse. Hrsg.: A. Sölter, C. Zimmerer, München 1972

Präsentation im Verbund, "Textil-Mitteilungen", Nr. 17 vom 8.2. 1973

Textile Koproduktion im roten Osten, "Textil-Wirtschaft", Nr. 1 vom 4.1.1973

B. Statistische Quellen

Gesamtverband der Textilindustrie der Bundesrepublik Deutschland — Die Textilindustrie der Bundesrepublik Deutschland im Jahre ..., Frankfurt/Main, mehrere Jahrgänge

Statistisches Bundesamt — Fachserie D, Industrie und Handwerk, Reihe 4, Sonderbeiträge zur Industriestatistik, Betriebe, Beschäftigte und Umsatz nach Beschäftigtengrößenklassen, Jahrgang 1972

Fachserie L, Finanzen und Steuern, Reihe 7, Umsatzsteuer (Ergebnisse der Umsatzsteuerstatistik), Jahrgang 1962

C. Sonstige Quellen

Gesetz gegen Wettbewerbsbeschränkungen. In den Fassungen vom 27. Juli 1957 und vom 3. Januar 1966

Stenographischer Bericht über die 9o. Sitzung des Deutschen Bundestages vom 18. Oktober 1963

Verbundvorgänge und Konzentrationsbewegungen in der internationalen Textilwirtschaft. Hrsg.: Betriebswirtschaftliches Institut der Deutschen Seiden- und Samtindustrie GmbH, Krefeld, Ausgabe 1-9

Verbund-Kompendium. Hrsg.: Gesamtverband der Textilindustrie in der Bundesrepublik Deutschland, Frankfurt/Main

Vereinbarungen, Beschlüsse und aufeinander abgestimmte Verhaltensweisen, die eine zwischenbetriebliche Zusammenarbeit betreffen. Bekanntmachungen der Kommission der Europäischen Gemeinschaft vom 29. Juli 1968

Zwischenbetriebliche Zusammenarbeit im Rahmen des Gesetzes gegen Wettbewerbsbeschränkungen, Zusammenstellung des Bundesministers für Wirtschaft vom 29. Oktober 1963

Anhang

Tabelle 1: Die Umsatzgrößenstruktur der Unternehmen der Textilindustrie im Jahre 1962[1]

Umsatzgrößenklassen (in DM)	Zahl der Unternehmen			Umsatz der Unternehmen		
	Anzahl	Anteil	Ant.kumuliert	absolut	Anteil	Ant.kumuliert
o,5 - 1 Mill.	755	25,47	25,47	547.o44	3,o1	3,o1
1 - 2 Mill.	721	24,33	49,8o	1.o26.338	5,64	8,65
2 - 5 Mill.	69o	23,28	73,o8	2.2o7.335	12,13	2o,78
5 - 1o Mill.	386	13,o2	86,1o	2.72o.247	14,95	35,73
1o - 25 Mill.	263	8,87	94,97	4.o13.156	22,o5	57,78
25 - 5o Mill.	1o2	3,44	98,41	3.531.292	19,4o	77,18
5o - 1oo Mill.	36	1,21	99,62	2.367.766	13,o1	9o,19
1oo - 25o Mill. über 25o Mill.	11	o,38	1oo,oo	1.786.954	9,81	1oo,oo
Σ der Unternehmen	2.964	1oo,oo		18.2oo.132	1oo,oo	
Σ der Unternehmen insgesamt (einschl. o-o,5 Mill.)	5.198			18.597.859		

1 Quelle: Statistisches Bundesamt, Fachserie L, Finanzen und Steuern, Reihe 7, Umsatzsteuer (Ergebnisse der Umsatzsteuerstatistik), Jahrgang 1962. Eigene Berechnungen.

Tabelle 2: <u>Die Umsatzgrößenstruktur der Unternehmen der Textilindustrie im Jahre 1964</u>[1]

Umsatzgrößen-klassen (in DM)	Zahl der Unternehmen			Umsatz der Unternehmen		
	Anzahl	Anteil	Ant.kumuliert	absolut	Anteil	Ant.kumuliert
o,5 - 1 Mill.	667	22,83	22,83	483.2o5	2,41	2,41
1 - 2 Mill.	689	23,59	46,42	971.293	4,85	7,26
2 - 5 Mill.	713	24,41	7o,83	2.278.7o8	11,37	18,63
5 - 1o Mill.	395	13,52	84,35	2.826.745	14,1o	32,73
1o - 25 Mill.	293	1o,o3	94,38	4.5o4.985	22,48	55,21
25 - 5o Mill.	1o6	3,63	98,o1	3.698.249	18,45	73,66
5o - 1oo Mill.	43	1,47	99,48	2.918.418	14,56	88,22
1oo - 25o Mill. über 25o Mill.	15	o,52	1oo,oo	2.36o.585	11,78	1oo,oo
Σ der Unternehmen	2.921	1oo,oo		2o.o42.188	1oo,oo	
Σ der Unternehmen insgesamt (einschl. o-o,5 Mill.)	5.1oo			2o.42o.528		

1 Quelle: Statistisches Bundesamt, Fachserie L, Finanzen und Steuern, Reihe 7, Umsatzsteuer (Ergebnisse der Umsatzsteuerstatistik), Jahrgang 1964. Eigene Berechnungen.

Tabelle 3: Die Umsatzgrößenstruktur der Unternehmen der Textilindustrie im Jahre 1966[1]

Umsatzgrößenklassen (in DM)	Zahl der Unternehmen			Umsatz der Unternehmen		
	Anzahl	Anteil	Ant.kumuliert	absolut	Anteil	Ant.kumuliert
o,5 - 1 Mill.	62o	21,71	21,71	45o.168	2,13	2,13
1 - 2 Mill.	643	22,51	44,22	918.889	4,36	6,49
2 - 5 Mill.	727	25,46	69,68	2.348.189	11,14	17,63
5 - 1o Mill.	393	13,76	83,44	2.825.391	13,4o	31,o3
1o - 25 Mill.	297	1o,4o	93,84	4.613.572	21,88	52,91
25 - 5o Mill.	116	4,o6	97,9o	4.o81.595	19,36	72,27
5o - 1oo Mill.	4o	1,4o	99,3o	2.753.oo8	13,o6	85,33
1oo - 25o Mill. über 25o Mill.	2o	o,7o	1oo,oo	3.o94.6o4	14,67	1oo,oo
Σ der Unternehmen	2.856	1oo,oo		21.o85.416	1oo,oo	
Σ der Unternehmen insgesamt (einschl. o-o,5 Mill.)	4.8o3			21.434.879		

1 Quelle: Statistisches Bundesamt, Fachserie L, Finanzen und Steuern, Reihe 7, Umsatzsteuer (Ergebnisse der Umsatzsteuerstatistik), Jahrgang 1966. Eigene Berechnungen.

Tabelle 4: Die Umsatzgrößenstruktur der Unternehmen der Textilindustrie im Jahre 1968[1]

Umsatzgrößen-klassen (in DM)	Zahl der Unternehmen			Umsatz der Unternehmen		
	Anzahl	Anteil	Ant.kumuliert	absolut	Anteil	Ant.kumuliert
o,5 - 1 Mill.	545	2o,13	2o,13	393.448	1,81	1,81
1 - 2 Mill.	631	23,3o	43,43	911.o9o	4,18	5,99
2 - 5 Mill.	636	23,49	66,92	2.o42.233	9,37	15,36
5 - 1o Mill.	422	15,58	82,5o	2.941.538	13,49	28,85
1o - 25 Mill.	287	1o,6o	93,1o	4.4o8.2o3	2o,22	49,o7
25 - 5o Mill.	12o	4,43	97,53	4.126.723	18,93	68,oo
5o - 1oo Mill.	46	1,7o	99,23	3.211.897	14,74	82,74
1oo - 25o Mill. über 25o Mill.	21	o,77	1oo,oo	3.762.147	17,26	1oo,oo
Σ der Unternehmen	2.7o8	1oo,oo		21.797.279	1oo,oo	
Σ der Unternehmen insgesamt (einschl. o-o,5 Mill.)	4.529			22.1o1.221		

1 Quelle: Statistisches Bundesamt, Fachserie L, Finanzen und Steuern, Reihe 7, Umsatzsteuer (Ergebnisse der Umsatzsteuerstatistik), Jahrgang 1968. Eigene Berechnungen.

Tabelle 5: Die Umsatzgrößenstruktur der Unternehmen der Textilindustrie im Jahre 197o[1]

Umsatzgrößen-klassen (in DM)	Zahl der Unternehmen			Umsatz der Unternehmen		
	Anzahl	Anteil	Ant.kumuliert	absolut	Anteil	Ant.kumuliert
o,5 - 1 Mill.	528	19,12	19,12	383.647	1,52	1,52
1 - 2 Mill.	598	21,65	4o,77	863.937	3,42	4,94
2 - 5 Mill.	687	24,87	65,64	2.246.3o8	8,89	13,83
5 - 1o Mill.	419	15,17	8o,81	2.987.o29	11,82	25,65
1o - 25 Mill.	32o	11,59	92,4o	5.o7o.32o	2o,o6	45,71
25 - 5o Mill.	124	4,49	96,89	4.3o3.78o	17,o2	62,73
5o - 1oo Mill.	53	1,92	98,81	3.575.7o4	14,14	76,87
1oo - 25o Mill.	29	1,o5	99,86	4.412.917	17,46	94,33
über 25o Mill.	4	o,14	1oo,oo	1.437.468	5,67	1oo,oo
Σ der Unternehmen	2.762	1oo,oo		25.281.11o	1oo,oo	
Σ der Unternehmen insgesamt (einschl. o-o,5 Mill.)	4.389			25.569.936		

1 Quelle: Statistisches Bundesamt, Fachserie L, Finanzen und Steuern, Reihe 7, Umsatzsteuer (Ergebnisse der Umsatzsteuerstatistik), Jahrgang 197o. Eigene Berechnungen.

Tabelle 6: Die Umsatzgrößenstruktur der Unternehmen der Textilindustrie im Jahre 1972[1]

Umsatzgrößen-klassen (in DM)	Zahl der Unternehmen			Umsatz der Unternehmen		
	Anzahl	Anteil	Ant.kumuliert	absolut	Anteil	Ant.kumuliert
0,5 - 1 Mill.	503	18,47	18,47	362.887	1,29	1,29
1 - 2 Mill.	565	20,75	39,22	823.084	2,94	4,23
2 - 5 Mill.	670	24,61	63,83	2.174.707	7,77	12,00
5 - 10 Mill.	394	14,47	78,30	2.821.394	10,08	22,08
10 - 25 Mill.	347	12,74	91,04	5.494.532	19,63	47,71
25 - 50 Mill.	144	5,28	96,32	4.950.651	17,69	59,40
50 - 100 Mill.	61	2,24	98,56	4.297.662	15,35	74,75
100 - 250 Mill.	33	1,21	99,77	5.174.478	18,49	93,24
über 250 Mill.	6	0,23	100,00	1.889.719	6,76	100,00
Σ der Unternehmen	2.723	100,00		27.989.114	100,00	
Σ der Unternehmen insgesamt (einschl. 0-0,5 Mill.)	4.268			28.262.184		

1 Quelle: Statistisches Bundesamt, Fachserie L, Finanzen und Steuern, Reihe 7, Umsatzsteuer (Ergebnisse der Umsatzsteuerstatistik), Jahrgang 1972. Eigene Berechnungen.

Tabelle 7: Die Umsatzrangliste der Unternehmensgruppen in der Textilindustrie der BRD im Jahre 1965[1]

Unternehmen	Umsatz in Mill. DM	Beschäftigte
1. Schulte-Dieckhoff	418	8. 7oo
2. Dierig Gruppe	36o	8. 4oo
3. Adolff Gruppe	268	6. 8oo
4. Nino-GmbH & Co.	242	5. 6oo
5. Erba-Textil AG	191	5. 3oo
6. Verseidag	179	5. 3oo
7. Winkler Gruppe	17o	6. 5oo
8. Girmes-Werke AG	16o	2. 95o
9. Götz Gruppe	15o	3. 4oo
1o. Val. Mehler AG	15o	3. 721
11. E. E Rössler oHG	14o	4. ooo
12. Kuag	136	2. 2oo
13. Schiesser	128	4. 5oo
14. Falke Gruppe	125	3. 4oo
15. B. Rawe & Co.	12o	5. ooo
16. Kulmbacher Spinnerei	119	3. 25o
17. Christian Wirth	115	2. 25o
18. Hudson GmbH	11o	2. 5oo
19. G van Delden	1o8	-
2o. Gebhard & Co.	1o2	1. 8oo
21. Ackermann Göggingen	1o1	2. 8oo

1 Quelle: Die größten Textilunternehmen der Welt. "Textil-Wirtschaft", Nr. 15 vom 13. 4. 1967, Pressenotizen, Eigene Erhebungen.

Tabelle 8: Die Umsatzrangliste der Unternehmensgruppen in der Textilindustrie der BRD im Jahre 1966[1]

Unternehmen	Umsatz in Mill. DM	Beschäftigte
1. Schulte-Dieckhoff	431	8.8oo
2. Dierig Gruppe	36o	8.3oo
3. Adolff Gruppe	29o	6.3oo
4. Nino-GmbH & Co.	268	5.5oo
5. G. van Delden Gruppe	2o8	5.5oo
6. Erba-Textil AG	191	5.2oo
7. Götz Gruppe	185	6.ooo
8. Kuag	18o	2.4oo
9. Verseidag	18o	4.3oo
1o. Winkler Gruppe	18o	6.5oo
11. Val. Mehler AG	174	4.ooo
12. Girmes-Werke AG	17o	3.ooo
13. E. Michalke KG	164+	1.3oo+
14. E. E. Rössler oHG	14o+	4.ooo+
15. Schiesser	137	4.8oo
16. Chr. Wirth Gruppe	132	2.3oo
17. Hudson Gruppe	125+	3.5oo+
18. Falke Gruppe	125+	3.4oo+
19. Kulmbacher Spinnerei	119	3.2oo
2o. B. Rawe & Co.	117	4.8oo
21. Besmer	113	1.5oo
22. Kolbermoor Gruppe	11o	3.1oo
23. Ackermann Göggingen	1o7	2.8oo
24. Vossen GmbH	1o3	3.ooo
25. Wilh. Bleyle KG	1o3	-
26. Spinnerei und Weberei Zell-Schönau	1o3	2.8oo
27. Bremer Wollkämmerei	1o1	2.9oo
28. Schaeffler Gruppe	1oo+	-
29. Heinrich Kunert Gruppe	1oo+	-

+ geschätzte Werte

1 Quelle: Die größten Textilunternehmen der Welt. "Textil-Wirtschaft". Nr. 24 vom 13. 6. 1968. Pressenotizen. Eigene Erhebungen.

Tabelle 9: Die Umsatzrangliste der Unternehmensgruppen in der Textilindustrie der BRD im Jahre 1967[1]

Unternehmen		Umsatz in Mill. DM	Beschäftigte
1.	Schulte-Dieckhoff	410	8.400
2.	Dierig Gruppe	333	7.700
3.	Nino GmbH & Co.	268	5.514
4.	Adolff Gruppe	256	5.700
5.	Kuag	224	2.500
6.	Girmes-Werke AG	190	3.200
7.	Erba-Textil AG	188	4.950
8.	Winkler Gruppe	182	6.000
9.	G. van Delden Gruppe	181	4.800
10.	Vereinigte Seidenwebereien	169	3.900
11.	Val. Mehler AG	167	3.700
12.	E. Michalke	164	1.300
13.	Chr. Wirth Gruppe	161	2.300
14.	E. E. Rössler oHG	160+	4.000+
15.	Falke Gruppe	140+	3.400+
16.	Schiesser	135	5.000
17.	Hudson	133	4.000
18.	Heinr. Kunert Gruppe	125	-
19.	Besmer	120	1.500
20.	Ackermann Göggingen	109	2.700
21.	Kulmbacher Spinnerei	105	3.000
22.	Schaeffler Gruppe	105	-
23.	Manufaktur Koechlin	104	1.400
24.	Kolbermoor Gruppe	102	2.900
25.	Vossen GmbH	100	3.300

+ geschätzte Werte

1 Quelle: Die größten Textilunternehmen der Welt. "Textil-Wirtschaft", Nr. 9 vom 27.2.1969, Pressenotizen, Eigene Erhebungen.

Tabelle 1o: Die Umsatzrangliste der Unternehmensgruppen in der Textilindustrie der BRD im Jahre 1968[1]

Unternehmen	Umsatz in Mill. DM	Beschäftigte
1. Dierig Gruppe	37o	7. 9oo
2. Heinr. Kunert Gruppe	35o	5. 5oo
3. Schulte-Dieckhoff	313	6. 7oo
4. Nino GmbH & Co.	3o2	5. 5oo
5. Kuag	282	3. 4oo
6. Adolff Gruppe	254	5. 7oo
7. E. Michalke KG	25o	1. 8oo
8. Chr. Wirth Gruppe	224	3. ooo
9. Girmes Gruppe	219	3. 5oo
1o. Erba-Textil AG	212	5. ooo
11. Ergee Gruppe	21o	6. ooo
12. G. van Delden Gruppe	2o9	5. ooo
13. Winkler Gruppe	2oo	6. ooo
14. Verseidag	178	3. 83o
15. Val. Mehler AG	177	3. 58o
16. Falke Gruppe	15o	3. 5oo
17. Schiesser	132	4. 8oo
18. Hudson	13o	4. ooo
19. Ackermann Göggingen	127	2. 8oo
2o. Arwa Feinstrumpfwerke	125	-
21. Besmer	123	1. 6oo
22. Schaeffler Gruppe	12o	-
23. Kulmbacher Spinnerei	117	3. ooo
24. Manufaktur Koechlin	116	1. 5oo
25. Schachenmayr Gruppe	111	1. 8oo
26. Vorwerk	11o	1. 8oo
27. Bellinda	1o8	-
28. Kolbermoor Gruppe	1o7	3. ooo
29. Vossen GmbH	1oo	3. o5o
3o. Wilh. Bleyle KG	1oo	3. 7oo

1 Quelle: Die größten Textilunternehmen der Welt "Textil-Wirtschaft", Nr. 6 vom 5. 2. 197o, Pressenotizen, Eigene Erhebungen.

Tabelle 11: Die Umsatzrangliste der Unternehmensgruppen in der Textilindustrie der BRD im Jahre 1969[1]

Unternehmen	Umsatz in Mill. DM	Beschäftigte
1. Dierig Gruppe	411	7.900
2. Heinr. Kunert Gruppe	400	5.500
3. Adolff Gruppe	392	9.300
4. G. van Delden Gruppe	371	7.200
5. Nino GmbH & Co.	340	5.800
6. Schulte-Dieckhoff	313	6.700
7. Girmes Gruppe	300	-
8. Kuag	282	3.500
9. E. Michalke KG	270	2.300
10. Chr. Wirth Gruppe	260	3.100
11. Ergee Gruppe	250	6.000
12. Vereinigte Seidenwebereien	220	3.800
13. Winkler Gruppe	220	6.000
14. Erba-Textil AG	211	5.000
15. Lorenz Gruppe	185	2.600
16. Val. Mehler AG	184	4.000
17. Falke Gruppe	180	4.100
18. Hudson	170	4.500
19. Kolbermoor Gruppe	155	3.600
20. Schaeffler Gruppe	153	-
21. Schiesser	153	5.000
22. Vorwerk	145	-
23. Arwa Feinstrumpfwerk	145	2.000
24. Bellinda Gruppe	138	-
25. Ackermann Göggingen	135	2.800
26. Besmer	135	1.600
27. Kulmbacher Spinnerei	134	2.500
28. Schachenmayr Gruppe	122	-
29. Manufaktur Koechlin	113	1.500
30. Wilh. Bleyle KG	110	-
31. Marggraff	110	1.200
32. Neue Hof	103	3.500
33. Augsburger Kammgarn	101	1.600
34. Vossen GmbH	100	3.000
35. C. A. Delius & Söhne	100	-

1 Quelle: Die größten Textilunternehmen der Welt "Textil-Wirtschaft", Nr. 50 vom 10.12.1970, Pressenotizen, Eigene Erhebungen

Tabelle 12: Die Umsatzrangliste der Unternehmensgruppen in der Textilindustrie der BRD im Jahre 1970[1]

Unternehmen	Umsatz in Mill. DM	Beschäftigte
1. Schulte-Dieckhoff	620	6.900
2. Dierig Gruppe	450	7.900
3. G. van Delden Gruppe	437	7.700
4. Adolff Gruppe	407	9.300
5. Heinr. Kunert Gruppe	400+	5.000
6. Girmes Gruppe	315	3.800
7. Nino GmbH & Co.	307	5.800
8. E. Michalke KG	300	2.400
9. Kuag	299	3.500
10. Chr. Wirth Gruppe	289	3.400
11. Ergee	280	6.000
12. Erba Textil AG	250	5.000
13. Winkler Gruppe	250	6.000
14. Textilgruppe Hof	231	5.500
15. Vereinigte Seidenwebereien	220	3.400
16. Val. Mehler	211	4.000
17. Falke Gruppe	200	4.100
18. Lorenz Gruppe	200	2.600
19. Freudenberg Gruppe	200	-
20. Hudson	195	4.500
21. Gold-Zack Gruppe	180	3.500
22. Schiesser	171	5.400
23. H. Reichel Textilwerke	160	1.800
24. Schaeffler Gruppe	150	2.000
25. Besmer	150	1.500
26. Marggraff	150	1.200
27. Vorwerk	145+	-
28. Kulmbacher Spinnerei	145	3.000
29. Arwa	145	2.000
30. Bellinda	140+	-
31. Ackermann Göggingen	134	2.700
32. Manufaktur Koechlin	133	1.500
33. DLW	132	-
34. Kolbermoor Gruppe	123	3.000
35. Schachenmayr Gruppe	122+	-
36. Kunert Werke KG	120	3.000
37. Gütermann Gruppe	120	3.500
38. Gebhard & Co.	117	1.500
39. Frowein & Co.	113	1.000
40. Wilh. Bleyle KG	110	-
41. Paul Hartmann	106	1.600
42. Augsburger Kammgarn	106	1.450
43. Vereinigte Kammgarnspinnereien	103	1.450
44. Elbeo Gruppe	100	3.000
45. Baumhüter Gruppe	100	1.500
46. Vossen GmbH	100	3.000
47. C. A. Delius & Söhne	100	-

+ geschätzte Werte

1 Quelle: Die größten Textilunternehmen der Welt. "Textil-Wirtschaft", Nr. 5 vom 3. 2. 1972, Pressenotizen, Eigene Erhebungen

Tabelle 13: Die Umsatzrangliste der Unternehmensgruppen in der Textilindustrie der BRD im Jahre 1971[1]

Unternehmen	Umsatz in Mill. DM	Beschäftigte
1. Glöggler Gruppe	649	12.400
2. Dierig Gruppe	495	7.700
3. G. van Delden Gruppe	473	7.000
4. Schiesser Gruppe	457	10.500
5. Schulte-Dieckhoff	448	-
6. Adolff Gruppe	442	9.300
7. Chr. Wirth Gruppe	346	3.800
8. Heinr. Kunert Gruppe	340	5.000
9. Kuag	336	3.500
10. Freudenberg Gruppe	330	3.300
11. Girmes Gruppe	325	3.800
12. Nino GmbH & Co.	312	5.500
13. Ergee	300	6.000
14. Winkler Gruppe	275	6.000
15. E. Michalke	270	-
16. Textilgruppe Hof	261	5.000
17. Falke Gruppe	220	-
18. Lorenz Gruppe	220	2.600
19. Verseidag	216	3.100
20. DLW	180	-
21. Schaeffler Gruppe	179	2.300
22. Vorwerk	174	2.000
23. Besmer	167	-
24. Manufaktur Koechlin	164	1.500
25. Kunert Werke KG	160	3.000
26. H. Reichel Textilwerke	160	2.000
27. Bellinda	150	2.800
28. Wilh. Bleyle KG	150	3.500
29. Ackermann Göggingen	147	2.700
30. Kulmbacher Spinnerei	143	2.600
31. Kolbermoor Gruppe	133	3.000
32. Gütermann Gruppe	130	-
33. Weber & Ott	129	3.000
34. Gebhard & Co.	129	1.400
35. Marggraff	125	1.200
36. Vossen GmbH	125	3.000
37. Pegulan	125	-
38. Neue Augsburger Kattunfabrik	123	1.700
39. Paul Hartmann	116	1.600
40. Elbeo Gruppe	112	3.000
41. Augsburger Kammgarn	110	1.350
42. Vereinigte Kammgarnspinnereien	106	1.450
43. Baumhüter Gruppe	105	1.500
44. Schachenmayr Gruppe	104	1.500
45. C. & A. Delius & Söhne	100	-
46. Poser Gruppe	100	1.200
47. Amann Söhne	100	1.500

1 Quelle: Die größten Textilunternehmen der Welt. "Textil-Wirtschaft", Nr. 2 vom 11.1.1973, Pressenotizen, Eigene Erhebungen.

Tabelle 14: Die Umsatzrangliste der Unternehmensgruppen in der Textilindustrie der BRD im Jahre 1972[1]

	Unternehmen	Umsatz in Mill. DM	Beschäftigte
1.	Glöggler Gruppe	689	12.000
2.	G. van Delden Gruppe	520	6.800
3.	Schiesser Gruppe	490	9.500
4.	Dierig	455	7.900
5.	Nino AG	421	6.000
6.	Schulte-Dieckhoff	404	4.000
7.	Adolff Gruppe	402	8.200
8.	Chr. Wirth Gruppe	383	4.000
9.	Girmes Gruppe	364	3.800
10.	Freudenberg Gruppe	352	3.500
11.	Heinr. Kunert Gruppe	350	2.900
12.	Textilgruppe Hof	309	5.000
13.	Winkler Gruppe	280	6.000
14.	Schaeffler Gruppe	236	2.500
15.	Falke Gruppe	230	4.400
16.	Verseidag	228	3.000
17.	DLW	222	-
18.	Lorenz Gruppe	200	1.900
19.	Vorwerk	195	-
20.	Besmer	182	1.500
21.	Manufaktur Koechlin	177	1.400
22.	Kolbermoor Gruppe	173	3.000
23.	H. Reichel Textilwerke	172	2.000
24.	Kunert Werke	165	2.900
25.	Kulmbacher Spinnerei	161	3.000
26.	Pegulan	150	1.200
27.	Weber & Ott	148	3.000
28.	Wilh. Bleyle KG	140	3.300
29.	Bremer Wollkämmerei	136	2.000
30.	Bellinda	130	2.600
31.	Gütermann Gruppe	130	-
32.	Gebhard & Co.	128	1.900
33.	Ackermann Göggingen	127	2.350
34.	Vossen GmbH	125	3.500
35.	Marggraff	120	940
36.	Neue Augsburger Kattunfabrik	118	1.200
37.	Paul Hartmann	118	1.600
38.	Augsburger Kammgarn	113	1.400
39.	Elbeo Gruppe	112	3.000
40.	Vereinigte Kammgarnspinnerei	112	-
41.	B. Rawe & Co.	111	2.000
42.	Baumhüter Gruppe	108	1.500
43.	Brennet	104	-
44.	C. A. Delius & Söhne	100	1.500
45.	Poser Gruppe	100	1.000

1 Quelle: Die größten Textilunternehmen der Welt. "Textil-Wirtschaft", Nr. 4 vom 24. 1. 1974, Pressenotizen, Eigene Erhebungen.

Tabelle 15: Die Umsatzrangliste der Unternehmensgruppen in der Textilindustrie der BRD im Jahre 1973[1]

Unternehmen	Umsatz in Mill. DM	Beschäftigte
1. Glöggler Gruppe	832	13. 5oo
2. G. van Delden Gruppe	619	6. 8oo
3. Dierig Gruppe	48o	7. 5oo
4. Schiesser Gruppe	47o	9. ooo
5. Adolff	422	7. 9oo
6. Nino AG	42o	6. ooo
7. Chr. Wirth Gruppe	41o	4. ooo
8. Winkler Gruppe	4oo	6. 2oo
9. Heinr. Kunert Gruppe	4oo	5. 4oo
1o. Girmes Gruppe	391	3. 8oo
11. Freudenberg Gruppe	381	-
12. Schulte-Dieckhoff	37o	4. ooo
13. Textilgruppe Hof	355	3. 7oo
14. Ergee	35o	6. ooo
15. Verseidag	3oo	3. 5oo
16. Falke Gruppe	24o	4. ooo
17. Schaeffler Gruppe	236	2. 5oo
18. DLW	225	-
19. Kulmbacher Spinnerei	2o2	3. ooo
2o. Vorwerk	199	-
21. Lorenz Gruppe	198	1. 8oo
22. Kolbermoor Gruppe	185	2. 9oo
23. Besmer	18o	1. 5oo
24. Manufaktur Koechlin	176	1. 4oo
25. H. Reichel Textilwerke	175	2. ooo+
26. Weber & Ott	157	3. ooo
27. Bremer Wollkämmerei	155	1. 9oo
28. Wilh. Bleyle KG	155	3. ooo
29. Kunert Werke KG	15o	2. 6oo
3o. Pegulan	15o	-
31. Vossen GmbH	135	3. 5oo
32. Paul Hartmann	132	1. 5oo
33. Brennet	131	-
34. Baumhüter Gruppe	13o	1. 6oo
35. Neue Augsburger Kattunfabrik	128	1. 2oo
36. Poser Gruppe	12o	1. ooo
37. Ackermann Göggingen	119	2. 15o
38. Kuag	114	-
39. Elbeo Gruppe	112	3. ooo
4o. Vereinigte Kammgarnspinnereien	111	1. 6oo
41. Bellinda	1o5	2. ooo
42. B. Rawe	1o4	1. 8oo
43. C. A. Delius & Söhne	1oo	1. 5oo

+ geschätzte Werte

1 Quelle: Die größten Textilunternehmen der Welt "Textil-Wirtschaft", Nr. 8 vom 2o. 2. 1975, Pressenotizen, Eigene Erhebungen.

Tab. 16: Beschäftigte, Umsätze und Produktionsprogramm der Unternehmensgruppen der Textilindustrie der BRD im Jahre 1973[1]

	Gruppe 1973	Beschäf- tigte	Um- satz	Branche	Produktionsprogramm								
1	Glöggler	13. 5oo	832	BW	Garne	techn. Gew.	Gewebe						
2	Delden	6. 8oo	619	BW	Garne		Gewebe						
3	Dierig	7. 5oo	48o	BW	Garne	techn. Gew.	Gewebe	Gewirke					
4	Schiesser	9. ooo	47o	Masche							Wäsche	Strümpfe	Bekleidung
5	Adolff	7. 9oo	422	BW	Garne	Gewebe	Gewirke						
6	Nino	6. ooo	42o	BW	Garne	Gewebe	Gewirke		Teppiche				
7	C. Wirth	4. ooo	41o	BW	Garne	Gewebe			Teppiche	Filze			
8	Winkler	6. 2oo	4oo	BW		techn. Gew.	Gewebe		Tischwäsche	Taschentücher	Bekleidung		
9	H Kunert	5. 4oo	4oo	Masche		Gewirke							
1o	Girmes	3. 8oo	391	BW	Garne	techn. Gew.	Gewebe		Teppiche				
11	Freudenberg	-	381	BW		Gewebe			Bodenbeläge				
12	Schulte & Dieckhoff	4. ooo	37o	Masche							Strümpfe	Bekleidung	
13	Gruppe Hof	3. 7oo	355	BW	Garne	Gewebe	Gewirke						
14	Ergee	6. ooo	35o	Masche	Garne						Strümpfe		
15	Verseidag	3. 5oo	3oo	BW		techn. Gew.	Gewebe						
16	Falke	4. ooo	24o	Masche	Garne						Strümpfe	Bekleidung	
17	Schaeffler	2. 5oo	236	Heimtex		Gewebe			Teppiche	Decken			
18	DLW	-	225	Heimtex					Bodenbeläge				
19	Kulm. Sp.	3. ooo	2o2	BW	Garne	techn. Gew.	Gewebe						
2o	Vorwerk	-	199	BW		techn. Gew.	Gewebe		Teppiche				
21	Lorenz	1. 8oo	198	Wolle	Garne	techn. Gew.	Gewebe	Gewirke					
22	Kolbermoor	2. 9oo	185	BW	Garne	Gewebe			Bettwäsche				
23	Besmer	1. 5oo	18o	Heimtex	Garne				Teppiche				
24	Man. Koechlin	1. 4oo+	176	Veredl.		Gewebe							
25	Reichel	2. ooo	175	Heimtex		Gewebe			Teppiche				
26	Weber & Ott	3. ooo	157	BW		Gewebe					Bekleidung(Strickwaren)		
27	Bremer Wollk.	1. 9oo	155	Wolle	Garne								
28	Bleyle	3. ooo	155	Masche							Bekleidung(Strickwaren)		
29	Pegulan	-	15o	Heimtex					Bodenbeläge				
3o	J. Kunert	2. 6oo	15o	Masche	Garne						Strümpfe		

Tabelle 16:
(Fortsetzung)

	Gruppe 1973	Beschäf-tigte	Um-satz	Branche	Produktionsprogramm							
31	Vossen	3. 5oo	135	BW					Frottierwaren			
32	Hartmann	1. 5oo	132	BW		Verbandst.						
33	Brennet	-	131	BW	Garne	Gewebe						
34	Baumhüter	1. 6oo	13o	Masche	Garne						Wäsche	Strümpfe
35	NAK	1. 2oo	128	Veredl.		Gewebe	Gewirke	Bettwäsche	Dekostoffe	Gardinen		
36	Poser	1. ooo	12o	Heimtex					Teppiche			
37	Ackermann	2. 15o	119	BW	Garne							
38	Kuag	-	114	BW	Garne							
39	Elbeo	3. ooo	112	Masche							Strümpfe	
4o	Ver. Kamm.	1. 6oo	111	Wolle	Garne							
41	Bellinda	2. ooo	1o5	Masche							Strümpfe	
42	B Rawe	1. 8oo	1o4	BW	Garne							
43	C. A. Delius	1. 5oo	1oo	BW		Gewebe	Gewirke					

+ geschätzte Werte

1 Quelle: Die größten Textilunternehmen der Welt. "Textil-Wirtschaft", Nr. 8 vom 2o. 2. 1975, Pressenotizen, Eigene Erhebungen.

Tabelle 17: Die Kooperationen in der Textilwirtschaft der BRD - erfaßt im Gründungsjahr.[1]
Anzahl der Kooperationsfälle und Anzahl der beteiligten Unternehmen
1962-1972

	1962-72	1962	1963	1964	1965	1966	1967	1968	1969	197o	1971	1972
Anzahl der Kooperationsfälle	27o	32	4o	27	28	2o	23	22	19	18	2o	21
Anzahl der beteiligten Unternehmen	158o	195	284	182	195	111	183	89	81	94	79	85
davon aus dem Inland	1197	147	216	113	166	97	1o3	8o	7o	76	67	61
davon aus dem Ausland	383	48	68	69	29	14	8o	9	11	18	12	24

1 Quelle: Verbundvorgänge und Konzentrationsbewegungen in der internationalen Textilwirtschaft. Hrsg.: Betriebswirtschaftliches Institut der Deutschen Seiden- und Samtindustrie GmbH, Krefeld, Ausgabe 1-9.
Verbund-Kompendium, Hrsg.: Gesamtverband der Textilindustrie in der Bundesrepublik Deutschland. Frankfurt/Main, o.J. sowie Pressenotizen.
Eigene Berechnungen.

Tabelle 18: Die Kooperationen in der Textilwirtschaft der BRD - erfaßt im Gründungsjahr.[1]
Anzahl der beteiligten Unternehmen auf den einzelnen Stufen der Textilwirtschaft
1962-1972

	1962-72	1962	1963	1964	1965	1966	1967	1968	1969	197o	1971	1972
Textilwirtschaft insgesamt	158o	195	284	182	195	111	183	89	81	94	79	85
Textilindustrie	611	68	9o	58	75	58	75	48	4o	39	21	39
Bekleidungsindustrie	481	73	44	94	24	3o	9o	17	28	3o	24	25
Textilhandel	441	54	144	3o	84	19	13	22	11	22	31	11
Chemiefaserindustrie	22	-	1	-	4	4	3	2	2	2	-	4
Nicht Textilwirtschaft	25	-	5	-	8	-	2	-	-	1	3	6

1 Quelle: Siehe Tabelle 1

Tabelle 19: Die Kooperationen in der Textilwirtschaft der BRD - erfaßt im Gründungsjahr.[1] Anzahl der beteiligten Unternehmen in den einzelnen Branchen der Textilindustrie 1962-1972

	1962-72	1962	1963	1964	1965	1966	1967	1968	1969	197o	1971	1972
Textilindustrie insgesamt	611	68	9o	58	75	58	75	48	4o	39	21	39
Baumwollspinnerei	72	-	2	-	11	27	2	2o	-	4	-	6
Wollspinnerei	21	3	-	-	2	2	9	5	-	-	-	-
Baumwollweberei	153	18	33	35	2o	7	2	7	8	16	6	1
Tuch-u. Kleiderstoffweberei	77	6	19	7	-	11	25	2	2	4	1	-
Seiden-u.Samtweberei	3o	9	6	-	-	-	9	-	-	3	-	3
Maschenindustrie	57	4	-	1o	-	-	15	2	4	2	4	16
Heimtextilienind.	159	27	18	6	42	9	9	-	22	8	7	11
Textilveredlung	36	-	12	-	-	2	4	12	4	2	-	-
Sonstiges	6	1	-	-	-	-	-	-	-	-	3	2

1 Quelle: Siehe Tabelle 1

Tabelle 2o: Die Kooperationen in der Textilwirtschaft der BRD - erfaßt im Gründungsjahr.[1]
Anzahl der beteiligten Unternehmen in den einzelnen Branchen der Bekleidungsindustrie
1962-1972

	1962-72	1962	1963	1964	1965	1966	1967	1968	1969	197o	1971	1972
Bekleidungsindustrie insgesamt	481	73	44	94	24	3o	9o	17	28	3o	24	25
Wäscheindustrie	126	63	1o	14	2	3	5	3	11	4	8	3
DOB	1o2	4	8	16	19	12	11	8	6	7	6	5
Haka	229	3	26	62	1	11	74	5	6	19	9	13
Sonstiges	22	3	-	2	2	4	-	1	5	-	1	4

1 Quelle: Siehe Tabelle 1

Tabelle 21: <u>Die Entwicklung der Kooperationsrichtungen in der Textilwirtschaft der BRD</u>[1] 1962-1972

Angaben in % der erfaßten Kooperationsfälle

	1962-72	1962	1963	1964	1965	1966	1967	1968	1969	197o	1971	1972
Vertikal	12,9	3,1	2,5	14,8	14,3	25,o	17,4	18,2	1o,5	11,1	15,o	23,8
Horizontal	84,9	96,9	95,o	85,2	82,1	75,o	78,3	81,8	89,5	83,3	8o,o	71,4
Konglomerat	2,2	-	2,5	-	3,6	-	4,3	-	-	5,6	5,o	4,8

1 Quelle: Siehe Tabelle 1

Tabelle 22: <u>Die Verteilung der Kooperationsrichtungen auf den einzelnen Stufen der Textilwirtschaft der BRD</u>[1]
1962 - 1972

Angaben in % der erfaßten Kooperationsfälle

	Textil-wirtschaft insgesamt	Textil-industrie	Bekleidungs-industrie	Textil-handel	Chemiefaser-industrie
Vertikal	12,9	15,7	22,1	18,2	85,o
Horizontal	84,9	81,8	76,7	79,6	15,o
Konglomerat	2,2	2,5	1,2	2,2	-

1 Quelle: Siehe Tabelle 1

Tabelle 23: <u>Die Entwicklung der Kooperationsarten in der Textilwirtschaft der BRD</u>[1]
1962-1972

Angaben in % der erfaßten Kooperationsfälle

	1962-72	1962	1963	1964	1965	1966	1967	1968	1969	197o	1971	1972
Kooperation durch Bildung neuer Wirtschaftseinheiten	12,9	6,3	5,o	7,4	7,1	15,o	13,6	27,3	26,3	22,2	1o,o	19,1
Kooperation auf Grund vertraglicher Vereinbarungen	87,1	93,7	95,o	92,6	92,9	85,o	86,4	72,7	73,7	77,8	9o,o	8o,9

1 Quelle: Siehe Tabelle 1

Tabelle 24: Die Verteilung der Kooperationsarten auf den einzelnen Stufen der Textilwirtschaft der BRD[1]
1962-1972

Angaben in % der erfaßten Kooperationsfälle

	Textil-wirtschaft insgesamt	Textil-industrie	Bekleidungs-industrie	Textil-handel	Chemiefaser-industrie
Kooperation durch Bildung neuer Wirtschaftseinheiten	12,9	13,2	2,3	29,5	15,o
Kooperation auf Grund vertraglicher Vereinbarungen	87,1	86,8	97,7	7o,5	85,o

1 Quelle: Siehe Tabelle 1

Tabelle 25: Die Entwicklung der Kooperationsbereiche in der Textilwirtschaft der BRD[1]
1962-1972

Angaben in % der erfaßten Kooperationsfälle

	1962-72	1962	1963	1964	1965	1966	1967	1968	1969	197o	1971	1972
Beschaffung	7,8	1o,8	11,5	14,7	9,8	8,7	4,2	3,7	-	4,2	4,2	4,2
Fertigung	41,4	4o,6	32,7	35,4	36,6	39,2	5o,o	51,8	52,2	41,7	45,8	45,8
Absatz	47,5	45,9	48,1	47,1	51,2	47,8	45,8	44,5	43,4	49,9	45,8	5o,o
Verwaltung	3,3	2,7	7,7	2,8	2,4	4,3	-	-	4,4	4,2	4,2	-

1 Quelle: Siehe Tabelle 1

Tabelle 26: Die Verteilung der Kooperationsbereiche auf den einzelnen Stufen der Textilwirtschaft der BRD[1]
1962-1972

Angaben in % der erfaßten Kooperationsfälle

	Textil-wirtschaft insgesamt	Textil-industrie	Bekleidungs-industrie	Textil-handel	Chemiefaser-industrie
Beschaffung	7,8	3,4	3,2	29,7	-
Fertigung	41,4	47,5	51,1	13,o	3o,8
Absatz	47,5	46,1	42,5	53,7	69,2
Verwaltung	3,3	3,o	3,2	3,6	-

1 Quelle: Siehe Tabelle 1

Tabelle 27: Die Entwicklung der Zahl der Kooperationspartner in der Textilwirtschaft der BRD[1]
1962-1972

Angaben in % der erfaßten Kooperationsfälle

	1962-72	1962	1963	1964	1965	1966	1967	1968	1969	197o	1971	1972
2 Unternehmen	41,2	34,4	37,5	33,3	35,7	35,o	43,5	4o,9	47,4	44,4	65,o	47,6
3-5 Unternehmen	29,6	31,2	3o,o	26,o	25,o	3o,o	3o,4	4o,9	26,3	27,8	3o,o	28,6
6-1o Unternehmen	18,1	21,9	2o,o	22,2	17,9	25,o	21,7	13,6	21,o	16,7	-	14,3
>1o Unternehmen	11,1	12,5	12,5	18,5	21,4	1o,o	4,4	4,6	5,3	11,1	5,o	9,5

1 Quelle: Siehe Tabelle 1

Tabelle 28: <u>Die Verteilung der Zahl der Kooperationspartner auf den einzelnen Stufen der Textilwirtschaft der BRD</u>[1]
1962-1972

Angaben in % der erfaßten Kooperationsfälle

	Textil-wirtschaft insgesamt	Textil-industrie	Bekleidungs-industrie	Textil-handel	Chemie-faserind.
2 Unternehmen	41,2	46,6	38,4	15,9	4o,o
3-5 Unternehmen	29,6	3o,8	29,1	27,3	2o,o
6-1o Unternehmen	18,1	13,2	2o,9	34,1	35,o
>1o Unternehmen	11,1	9,4	11,6	22,7	5,o

1 Quelle: Siehe Tabelle 1

Tabelle 29: Die Entwicklung der nationalen und internationalen Kooperationen in der Textilwirtschaft der BRD[1]
1962-1972

Angaben in % der erfaßten Kooperationsfälle

	1962-72	1962	1963	1964	1965	1966	1967	1968	1969	197o	1971	1972
national	61,9	65,6	45,o	48,2	6o,7	8o,o	73,9	81,8	73,7	77,8	5o,o	42,9
international	38,1	34,4	55,o	51,8	39,3	2o,o	26,1	18,2	26,3	22,2	5o,o	57,1

1 Quelle: Siehe Tabelle 1

Tabelle 3o: Die Verteilung der nationalen und internationalen Kooperationen auf den einzelnen Stufen der Textilwirtschaft der BRD[1]
1962-1972

Angaben in % der erfaßten Kooperationsfälle

	Textil-wirtschaft insgesamt	Textil-industrie	Bekleidungs-industrie	Textil-handel	Chemie-faserind.
national	61,9	64,2	52,3	77,3	65,o
international	38,1	35,8	47,7	22,7	35,o

1 Quelle: Siehe Tabelle 1

Tabelle 31: Erhebungsergebnisse (Textilindustrie)

Beurteilung der Kooperationsbereiche - Hauptbereiche

Frage 1: **Innerhalb welcher Unternehmensbereiche hat Ihrer Meinung nach eine Kooperation am ehesten Aussicht auf Erfolg?**

Angaben in % der befragten Unternehmen

Unternehmen der Textilindustrie	Bereich der Beschaffung	Bereich der Fertigung	Bereich des Absatzes	Bereich der Verwaltung
1. Unternehmen insgesamt	22,2	38,7	28,3	1o,8
2. Unternehmen unter 4oo Besch.	22,3	41,3	27,8	8,6
3. Unternehmen über 4oo Besch.	22,1	35,9	28,7	13,3
4. Einstufige Unternehmen	26,3	36,1	26,o	11,6
5. Mehrstufige Unternehmen	19,9	4o,o	29,5	1o,6
6. Unternehmen ohne Kooperationserfahrung	17,5	42,5	3o,o	1o,o
7. Unternehmen mit Kooperationserfahrung	25,3	36,1	27,1	11,5

Tabelle 32: Erhebungsergebnisse (Textilindustrie)

Beurteilung der Kooperationsbereiche - Teilbereiche der Fertigung

Frage 1: Innerhalb welcher Unternehmensbereiche hat Ihrer Meinung nach eine Kooperation am ehesten Aussicht auf Erfolg?

Angaben in % der befragten Unternehmen

Unternehmen der Textilindustrie	Musterung	Lizenznahme Lizenzgabe	Forschung u. Entwicklung	Produktion	Erfahrungs-austausch	Bereich der Fertigung insgesamt
1. Unternehmen insgesamt	2,2	2,2	7,3	1o,5	16,5	38,7
2. Unternehmen unter 4oo Besch.	2,3	1,2	5,2	13,4	19,2	41,3
3. Unternehmen über 4oo Besch.	2,1	3,o	8,9	8,o	13,9	35,9
4. Einstufige Unternehmen	1,4	o,7	8,8	9,5	15,7	36,1
5. Mehrstufige Unternehmen	2,7	3,1	6,2	11,1	16,9	4o,o
6. Unternehmen ohne Kooperationserfahrung	2,6	1,7	7,o	13,9	17,3	42,5
7. Unternehmen mit Kooperationserfahrung	1,9	2,3	7,3	8,9	15,7	36,1

Tabelle 33: Erhebungsergebnisse (Textilindustrie)

Beurteilung der Kooperationsbereiche - Teilbereiche des Absatzes

Frage 1: Innerhalb welcher Unternehmensbereiche hat Ihrer Meinung nach eine Kooperation am ehesten Aussicht auf Erfolg?

Angaben in % der befragten Unternehmen

Unternehmen der Textilindustrie	Markt-forschung	Werbung	Vertrieb	Erfahrungs-austausch	Bereich des Absatzes insgesamt
1. Unternehmen insgesamt	3,1	5,3	8,o	11,9	28,3
2. Unternehmen unter 4oo Besch.	1,2	5,4	7,9	13,3	27,8
3. Unternehmen über 4oo Besch.	4,6	5,1	8,2	1o,8	28,7
4. Einstufige Unternehmen	3,2	4,7	7,1	11,o	26,o
5. Mehrstufige Unternehmen	3,o	5,5	8,6	12,4	29,5
6. Unternehmen ohne Kooperationserfahrung	1,o	4,8	1o,6	13,6	3o,o
7. Unternehmen mit Kooperationserfahrung	3,8	5,3	6,9	11,1	27,1

Tabelle 34: Erhebungsergebnisse (Textilindustrie)

Einschätzung der Nachteile einer Kooperation

Frage 2: Welche der folgenden Nachteile, die eine Kooperation für ein Unternehmen mit sich bringen kann, würden Sie für besonders gewichtig halten?

Angaben in % der befragten Unternehmen

Unternehmen der Textilindustrie	Einbuße an eigener Handlungsfähigkeit	Einbuße an eigenen Marktbeziehungen	Hergabe von eigenen Erfahrungen und "Know-how"	Gefahr der Ausnutzung durch die Partner der Kooperation
1. Unternehmen insgesamt	29,3	15,6	16,6	38,5
2. Unternehmen unter 4oo Besch.	36,8	14,o	14,o	35,2
3. Unternehmen über 4oo Besch.	21,2	17,3	19,2	42,3
4. Einstufige Unternehmen	3o,9	16,7	16,7	35,7
5. Mehrstufige Unternehmen	28,4	14,9	16,4	4o,3
6. Unternehmen ohne Kooperationserfahrung	38,5	15,4	2o,5	25,6
7. Unternehmen mit Kooperationserfahrung	24,3	15,7	14,3	45,7

Tabelle 35: <u>Erhebungsergebnisse (Textilindustrie)</u>
<u>Einschätzung der Vorteile einer Kooperation</u>

Frage 2: Welche der folgenden Vorteile, die eine Kooperation für ein Unternehmen mit sich bringen kann, würden Sie für besonders gewichtig halten?

Angaben in % der befragten Unternehmen

Unternehmen der Textilindustrie	Steigerung der Produktivität	Stärkung der Marktposition gegenüber Abnehmern	Stärkung der Marktposition gegenüber Lieferanten	Verbesserung von technischem und ökonomischem Wissen
1. Unternehmen insgesamt	39,9	27,6	19,6	12,9
2. Unternehmen unter 4oo Besch.	43,7	21,8	19,6	14,9
3. Unternehmen über 4oo Besch.	35,5	34,2	19,8	1o,5
4. Einstufige Unternehmen	36,3	25,7	24,3	13,7
5. Mehrstufige Unternehmen	42,3	28,8	16,5	12,4
6. Unternehmen ohne Kooperationserfahrung	38,6	26,3	19,3	15,8
7. Unternehmen mit Kooperationserfahrung	4o,6	28,3	19,8	11,3

Tabelle 36: Erhebungsergebnisse (Textilindustrie)

Einstellung zur Kooperation

Frage 3: Wie ist Ihre Einstellung zur Kooperation? Würden Sie eine Kooperation für Ihr Unternehmen für sehr sinnvoll, für sinnvoll, für bedingt sinnvoll oder für nicht sinnvoll halten?

Angaben in % der befragten Unternehmen

Unternehmen der Textilindustrie	sehr sinnvoll	sinnvoll	bedingt sinnvoll	nicht sinnvoll
1. Unternehmen insgesamt	15,7	41,7	37,4	5,2
2. Unternehmen unter 4oo Besch.	15,4	43,1	4o,o	1,5
3. Unternehmen über 4oo Besch.	16,o	4o,o	34,o	1o,o
4. Einstufige Unternehmen	18,2	43,2	34,1	4,5
5. Mehrstufige Unternehmen	14,2	4o,8	39,4	5,6
6. Unternehmen ohne Kooperationserfahrung	2,5	42,5	5o,o	5,o
7. Unternehmen mit Kooperationserfahrung	22,7	41,3	3o,7	5,3

Tabelle 37: Erhebungsergebnisse (Textilindustrie)
Einstellung zur Kooperation

Frage 4: Würden Sie eine Kooperation hauptsächlich als längerfristiges Vorgehen oder als Vorstufe für eine Fusion ansehen?

Angaben in % der befragten Unternehmen

Unternehmen der Textilindustrie	längerfristiges Vorgehen	Vorstufe für eine Fusion
1. Unternehmen insgesamt	64,5	35,5
2. Unternehmen unter 4oo Besch.	63,7	36,3
3. Unternehmen über 4oo Besch.	65,4	34,6
4. Einstufige Unternehmen	56,5	43,5
5. Mehrstufige Unternehmen	69,4	3o,6
6. Unternehmen ohne Kooperationserfahrung	68,3	31,7
7. Unternehmen mit Kooperationserfahrung	62,5	37,5

Tabelle 38: <u>Erhebungsergebnisse (Textilindustrie)</u>

<u>Einschätzung der Kooperationsbereitschaft der Branche</u>

Frage 5: Wie schätzen Sie die Kooperationsbereitschaft der Unternehmen Ihrer Branche ein?

Angaben in % der befragten Unternehmen

Unternehmen der Textilindustrie	sehr groß	groß	mäßig	gering	sehr gering
1. Unternehmen insgesamt	-	7,o	52,2	28,6	12,2
2. Unternehmen unter 4oo Besch.	-	7,7	49,2	3o,8	12,3
3. Unternehmen über 4oo Besch.	-	6,o	56,o	26,o	12,o
4. Einstufige Unternehmen	-	6,8	56,8	29,6	6,8
5. Mehrstufige Unternehmen	-	7,o	49,3	28,2	15,5
6. Unternehmen ohne Kooperationserfahrung	-	-	45,o	37,5	17,5
7. Unternehmen mit Kooperationserfahrung	-	1o,7	56,o	24,o	9,3

Tabelle 39: Erhebungsergebnisse (Textilindustrie)
Hauptschwierigkeiten bei der Verwirklichung einer Kooperation

Frage 6: Worin würden Ihrer Meinung nach die Hauptschwierigkeiten für die Verwirklichung einer Kooperation in der Praxis liegen?

Angaben in % der befragten Unternehmen

Unternehmen der Textilindustrie	Durchsetzung des Kooperationsgedankens innerhalb des eigenen Unternehmens	Suche geeigneter Kooperationspartner	Festlegung der Kooperationsform	Organisation der Kooperationsarbeit zwischen den Unternehmen
1. Unternehmen insgesamt	8,4	41,7	13,2	36,7
2. Unternehmen unter 4oo Besch.	1o,5	5o,6	6,8	32,1
3. Unternehmen über 4oo Besch.	6,o	32,4	2o,8	4o,8
4. Einstufige Unternehmen	8,8	47,9	11,o	32,3
5. Mehrstufige Unternehmen	8,3	38,2	16,2	37,3
6. Unternehmen ohne Kooperationserfahrung	5,7	48,5	12,o	33,8
7. Unternehmen mit Kooperationserfahrung	1o,1	38,3	14,1	37,5

Tabelle 4o: Erhebungsergebnisse (Bekleidungsindustrie)

Beurteilung der Kooperationsbereiche - Hauptbereiche

Frage 1: Innerhalb welcher Unternehmensbereiche hat Ihrer Meinung nach eine Kooperation am ehesten Aussicht auf Erfolg?

Angaben in % der befragten Unternehmen

Unternehmen der Bekleidungsindustrie	Bereich der Beschaffung	Bereich der Fertigung	Bereich des Absatzes	Bereich der Verwaltung
1. Unternehmen insgesamt	14,4	43,1	32,o	1o,5
2. Unternehmen unter 4oo Besch.	16,8	43,3	31,4	8,5
3. Unternehmen über 4oo Besch.	9,8	42,7	33,2	14,3
4. Unternehmen ohne Kooperationserfahrung	16,9	39,1	32,3	11,7
5. Unternehmen mit Kooperationserfahrung	11,1	48,2	31,8	8,9

Tabelle 41: Erhebungsergebnisse (Bekleidungsindustrie)

Beurteilung der Kooperationsbereiche - Teilbereiche der Fertigung

Frage 1: Innerhalb welcher Unternehmensbereiche hat Ihrer Meinung nach eine Kooperation am ehesten Aussicht auf Erfolg?

Angaben in % der befragten Unternehmen

Unternehmen der Bekleidungsindustrie	Musterung	Lizenznahme Lizenzgabe	Forschung u. Entwicklung	Produktion	Erfahrungsaustausch	Bereich der Fertigung insgesamt
1. Unternehmen insgesamt	2,5	1,9	4,8	14,7	19,2	43,1
2. Unternehmen unter 4oo Besch.	3,4	2,3	2,9	14,8	19,9	43,3
3. Unternehmen über 4oo Besch.	1,1	1,1	8,3	14,6	17,6	42,7
4. Unternehmen ohne Kooperationserfahrung	3,o	1,2	4,2	12,7	18,o	39,1
5. Unternehmen mit Kooperationserfahrung	1,8	2,8	5,5	17,6	2o,5	48,2

Tabelle 42: Erhebungsergebnisse (Bekleidungsindustrie)

Beurteilung der Kooperationsbereiche - Teilbereiche des Absatzes

Frage 1: Innerhalb welcher Unternehmensbereiche hat Ihrer Meinung nach eine Kooperation am ehesten Aussicht auf Erfolg?

Angaben in % der befragten Unternehmen

Unternehmen der Bekleidungsindustrie	Marktforschung	Werbung	Vertrieb	Erfahrungsaustausch	Bereich des Absatzes insgesamt
1. Unternehmen insgesamt	2,1	2,9	9,4	17,6	32,o
2. Unternehmen unter 4oo Besch.	1,8	2,4	1o,9	16,3	31,4
3. Unternehmen über 4oo Besch.	2,6	3,8	6,4	2o,4	33,2
4. Unternehmen ohne Kooperationserfahrung	2,3	3,1	1o,8	16,1	32,3
5. Unternehmen mit Kooperationserfahrung	1,8	2,7	7,9	19,4	31,8

Tabelle 43: Erhebungsergebnisse (Bekleidungsindustrie)
Einschätzung der Nachteile einer Kooperation

Frage 2: Welche der folgenden Nachteile, die eine Kooperation für ein Unternehmen mit sich bringen kann, würden Sie für besonders gewichtig halten?

Angaben in % der befragten Unternehmen

Unternehmen der Bekleidungsindustrie	Einbuße an eigener Handlungsfähigkeit	Einbuße an eigenen Marktbeziehungen	Hergabe von eigenen Erfahrungen und "Know-how'	Gefahr der Ausnutzung durch die Partner der Kooperation
1. Unternehmen insgesamt	46,3	9,5	24,2	2o,o
2. Unternehmen unter 4oo Besch.	47,6	7,9	27,o	17,5
3. Unternehmen über 4oo Besch.	43,8	12,5	18,7	25,o
4. Unternehmen ohne Kooperationserfahrung	46,9	12,3	2o,4	2o,4
5. Unternehmen mit Kooperationserfahrung	45,7	6,5	26,1	21,7

Tabelle 44: <u>Erhebungsergebnisse (Bekleidungsindustrie)</u>
<u>Einschätzung der Vorteile einer Kooperation</u>

Frage 2: Welche der folgenden Vorteile, die eine Kooperation für ein Unternehmen mit sich bringen kann, würden Sie für besonders gewichtig halten?

Angaben in % der befragten Unternehmen

Unternehmen der Bekleidungsindustrie	Steigerung der Produktivität	Stärkung der Marktposition gegenüber Abnehmern	Stärkung der Marktposition gegenüber Lieferanten	Verbesserung von technischem und ökonomischem Wissen
1. Unternehmen insgesamt	42,o	24,7	15,9	17,4
2. Unternehmen unter 4oo Besch.	42,5	21,3	18,1	18,1
3. Unternehmen über 4oo Besch.	4o,9	31,8	11,3	16,o
4. Unternehmen ohne Kooperationserfahrung	42,1	27,5	11,6	18,8
5. Unternehmen mit Kooperationserfahrung	42,1	21,7	2o,3	15,9

Tabelle 45: Erhebungsergebnisse (Bekleidungsindustrie)

Einstellung zur Kooperation

Frage 3: Wie ist Ihre Einstellung zur Kooperation? Würden Sie eine Kooperation für Ihr Unternehmen für sehr sinnvoll, für sinnvoll, für bedingt sinnvoll oder für nicht sinnvoll halten?

Angaben in % der befragten Unternehmen

Unternehmen der Bekleidungsindustrie	sehr sinnvoll	sinnvoll	bedingt sinnvoll	nicht sinnvoll
1. Unternehmen insgesamt	6,o	46,o	39,o	9,o
2. Unternehmen unter 4oo Besch.	9,4	48,4	35,9	6,3
3. Unternehmen über 4oo Besch.	-	41,7	44,4	13,9
4. Unternehmen ohne Kooperationserfahrung	1,8	43,6	41,8	12,8
5. Unternehmen mit Kooperationserfahrung	11,1	48,9	35,6	4,4

Tabelle 46: Erhebungsergebnisse (Bekleidungsindustrie)
Einstellung zur Kooperation

Frage 4: Würden Sie eine Kooperation hauptsächlich als längerfristiges Vorgehen oder als Vorstufe für eine Fusion ansehen?

Angaben in % der befragten Unternehmen

Unternehmen der Bekleidungsindustrie	längerfristiges Vorgehen	Vorstufe für eine Fusion
1. Unternehmen insgesamt	79,8	2o,2
2. Unternehmen unter 4oo Besch.	79,4	2o,6
3. Unternehmen über 4oo Besch.	8o,6	19,4
4. Unternehmen ohne Kooperationserfahrung	75,1	24,9
5. Unternehmen mit Kooperationserfahrung	85,1	14,9

Tabelle 47: <u>Erhebungsergebnisse (Bekleidungsindustrie)</u>

<u>Einschätzung der Kooperationsbereitschaft der Branche</u>

Frage 5: Wie schätzen Sie die Kooperationsbereitschaft der Unternehmen Ihrer Branche ein?

Angaben in % der befragten Unternehmen

Unternehmen der Bekleidungsindustrie	sehr groß	groß	mäßig	gering	sehr gering
1. Unternehmen insgesamt	3,o	6,o	35,o	33,o	23,o
2. Unternehmen unter 4oo Besch.	4,7	7,8	35,9	28,1	23,5
3. Unternehmen über 4oo Besch.	-	2,8	33,3	41,7	22,2
4. Unternehmen ohne Kooperationserfahrung	1,8	3,6	27,3	38,2	29,1
5. Unternehmen mit Kooperationserfahrung	4,4	8,9	44,4	26,7	15,6

Tabelle 48: Erhebungsergebnisse (Bekleidungsindustrie)

Hauptschwierigkeiten bei der Verwirklichung einer Kooperation

Frage 6: Worin würden Ihrer Meinung nach die Hauptschwierigkeiten für die Verwirklichung einer Kooperation in der Praxis liegen?

Angaben in % der befragten Unternehmen

Unternehmen der Bekleidungsindustrie	Durchsetzung des Kooperationsgedankens innerhalb des eigenen Unternehmens	Suche geeigneter Kooperationspartner	Festlegung der Kooperationsform	Organisation der Kooperationsarbeit zwischen den Unternehmen
1. Unternehmen insgesamt	12,o	49,8	8,3	29,9
2. Unternehmen unter 4oo Besch.	11,4	53,5	9,8	25,3
3. Unternehmen über 4oo Besch.	13,2	42,9	13,2	3o,7
4. Unternehmen ohne Kooperationserfahrung	1o,3	52,3	9,o	28,4
5. Unternehmen mit Kooperationserfahrung	14,o	47,o	4,o	35,o

Gesellschaftsvertrag zur Exportgemeinschaft

§ 1

Zweck der Gesellschaft

Zum Zwecke der Anbahnung, Vermittlung von Käufen im Ausland und Aufbau einer Verkaufsorganisation im Ausland wird hiermit eine Gesellschaft "Exportgemeinschaft Bekleidung" gegründet.

§ 2

Gesellschafter

Gesellschafter sind:

.... (1 Anteil)

.... (1/2 Anteil)

.... (1 Anteil)

usw.

§ 3

Einlagen

Die Gesellschafter leisten keine Einlagen.

§ 4

Geschäftsjahr

Die Gesellschaft beginnt am 1. November 1972. Das Geschäftsjahr ist das Kalenderjahr.

§ 5

Kostendeckung

1. Die Gesellschaft arbeitet nach dem Grundsatz der Kostendeckung. Etwaiges Vermögen besitzt die Gesellschaft nur zu treuen Händen für die Gesellschafter.

2. Die Kosten der Gesellschaft werden auf die Gesellschafter umgelegt. Soweit die Gesellschafterversammlung nicht jährlich nach Feststellung der Kosten einen anderen Kostenverteilungsschlüssel aufstellt, verteilen sich die Kosten auf die Gesellschafter entsprechend ihrem Anteil an dem durch die Gesellschaft vermittelten Verkauf.

3. Für die ersten drei Geschäftsjahre liegen der Gesellschaft folgende Etats zugrunde:

1. Jahr	25o.ooo,-- DM
2. Jahr	2oo.ooo,-- DM
3. Jahr	2oo.ooo,-- DM

Die Gesellschafter leisten bei Gründung einen Kostenvorschuß von DM 15o.ooo,--. Weitere Vorschüsse von höchstens DM 1oo.ooo,-- fordert die Gesellschaft halbjährlich bei den Gesellschaftern an.

4. Sämtliche Lieferungen auf dem englischen Markt werden mit 7,5 % auf den Fabrikpreis verprovisioniert. Lieferungen in Drittländer sind ebenfalls provisionspflichtig, wenn die Geschäftsanbahnung durch die englische Gesellschaft erfolgte.

5. Die Provisionen werden auf den Grundbeitrag angerechnet, so daß Provisionen erst dann abzuführen sind, wenn der Grundbeitrag überschritten wird.

6. Die Provisionen sind 1 Monat nach Rechnungserstellung fällig.

§ 6

Dauer der Gesellschaft/Ausscheiden von Gesellschaftern

1. Die Gesellschaft ist an eine bestimmte Zeitdauer nicht gebunden.

2. Ein Gesellschafter kann mit einer Kündigungsfrist von 3 Monaten zum Ende des Kalenderjahres aus der Gesellschaft ausscheiden. Eine Kündigung vor dem 31.12.1975 ist ausgeschlossen.

3. Scheidet ein Gesellschafter aus der Gesellschaft aus, so wird die Gesellschaft unter den übrigen Gesellschaftern fortgesetzt.

4. Scheidet ein Gesellschafter aus, so hat die Gesellschaft einen Ausgleichsanspruch von einer Durchschnittsjahresprovision, mindestens sind aber die Lieferungen auf dem englischen Markt für ein weiteres Jahr provisionspflichtig.

§ 7

Beteiligung

1. Die Gesellschaft gründet in Großbritannien eine Verkaufsgesellschaft. Die englische Gesellschaft erhält den Namen: "C.F.C. - Cologne Fashion Club Ltd."

2. Die Gründung der englischen Gesellschaft soll bis zum 1. Februar 1973 erfolgen.

§ 8

Kostendeckung der Tochtergesellschaft

1. Die englische Gesellschaft arbeitet nach dem Grundsatz der Kostendeckung. Die Kosten der englischen Gesellschaft werden von der deutschen Gesellschaft erstattet.

2. Die Kostenerstattungen in den ersten drei Jahren dürfen über die Etatansätze nicht hinausgehen.

§ 9

Vertretung der Gesellschaft

Die Gesellschaft wird durch einen oder mehrere Bevollmächtigte, die nicht gleichzeitig Gesellschafter sein dürfen, vertreten.
Als erste Bevollmächtigte werden bestellt:

....

....

Die notarielle Vollmacht zur Vertretung der Gesellschaft wird von jedem Gesellschafter einzeln erteilt.

Die Gesellschafter sind zur Geschäftsführung nicht berechtigt.

§ 1o

Beirat

Der Beirat überwacht die Geschäftsführung und kann ihr Weisungen erteilen.

§ 11

Gesellschafterversammlung; Einberufung

1. Die Gesellschafterversammlung ist auf Antrag zweier Gesellschafter einzuberufen, so oft es das Interesse der Gesellschaft erfordert, mindestens jedoch einmal im Kalenderjahr.

2. Die Einberufung erfolgt durch die Geschäftsführung mittels eingeschriebenen Briefs mit einer Frist von mindestens einer Woche, die mit dem Tage der Aufgabe zur Post zu laufen beginnt. Der Zweck der Versammlung ist bei der Einberufung anzukündigen.

§ 12

Zuständigkeit der Gesellschafterversammlung

1. Der Bestimmung durch die Gesellschafterversammlung unterliegen:

   a) die Wahl des Beirats,
   b) die Beschlußfassung über die Jahresrechnung der Gesellschaft und Verteilung der Kosten,
   c) die Beschlußfassung über Änderungen des Gesellschaftervertrages,
   d) die Beschlußfassung über Auflösung und Liquidation der Gesellschaft.

§ 13

Leiter der Gesellschafterversammlung

Den Vorsitz in der Gesellschafterversammlung führt der Vorsitzer des Beirates oder sein Stellvertreter. Sind diese verhindert, wird der Versammlungsleiter durch die Gesellschafterversammlung gewählt.

Der Versammlungsleiter bestimmt die Reihenfolge der Verhandlungsgegenstände sowie die Art und Form der Abstimmung.

Über die in der Gesellschafterversammlung gefaßten Beschlüsse ist eine Niederschrift aufzunehmen, die von dem Versammlungsleiter zu unterschreiben ist.

§ 14

Stimmrecht

Die Beschlüsse der Gesellschafter werden, soweit nicht das Gesetz etwas anderes vorschreibt, mit 3/4 Mehrheit der abgegebenen Stimmen gefaßt.

Der Beschluß zur Auflösung der Gesellschaft bedarf einer Stimmenmehrheit von 3/4 der abgegebenen Stimmen.

Entsprechend seinem Anteil hat jeder Gesellschafter eine Stimme bzw. eine halbe Stimme.

Jeder Gesellschafter kann sich in der Gesellschafterversammlung durch einen mit schriftlicher Vollmacht Bevollmächtigten vertreten lassen. Die Gesellschafterversammlung ist beschlußfähig, wenn 2/3 der Gesellschafter vertreten sind.

Beschlüsse der Gesellschafter können, soweit nicht gesetzliche Bestimmungen entgegenstehen, auch auf schriftlichem, fernschriftlichem oder telegrafischem Wege durch die Geschäftsführung oder den Vorsitzer des Beirates herbeigeführt werden. Hierbei gilt die Nichtabgabe der Stimme innerhalb der gesetzten Frist, welche mindestens eine Woche vom Tage der Aufgabe zur Post betragen muß, als Stimmenthaltung.

§ 15

Ausschließung eines Gesellschafters

Wird über das Vermögen eines Gesellschafters das Konkursverfahren oder das Vergleichsverfahren eröffnet oder die Eröffnung abgelehnt oder wird die Zwangsvollstreckung in seine Gesellschafterrechte betrieben, so können die übrigen Gesellschafter einen Ausschluß beschließen. Der Ausschluß wird mit der Bekanntgabe des Beschlusses wirksam.

§ 16

Rechtsgültigkeit

Soweit einzelne Bestimmungen dieses Vertrages unwirksam sind, bleibt die Wirksamkeit der restlichen Bestimmungen unberührt. Die Lücke ist durch eine ergänzende Vereinbarung zu schließen, die dem von den Gesellschaftern ursprünglich gewollten Zweck wirtschaftlich so nahe wie möglich kommt.

Ort, den ....

FORSCHUNGSSTELLE FÜR ALLGEMEINE UND TEXTILE MARKTWIRTSCHAFT
AN DER UNIVERSITÄT MÜNSTER

FRAGEBOGEN ZUR:

KOOPERATION IN DER TEXTILWIRTSCHAFT DER BRD

1) Innerhalb welcher Unternehmensbereiche hat Ihrer Meinung nach eine Kooperation am ehesten Aussicht auf Erfolg?

( ) Bereich der Beschaffung

( ) Bereich der Fertigung, und zwar:

- ( ) Musterung
- ( ) Lizenzgabe bzw. Lizenznahme
- ( ) Forschung und Entwicklung
- ( ) Produktion
- ( ) Erfahrungsaustausch

( ) Bereich des Absatzes, und zwar:

- ( ) Marktforschung
- ( ) Werbung
- ( ) Vertrieb
- ( ) Erfahrungsaustausch

( ) Bereich der Verwaltung

( ) Sonstige Bereiche, und zwar:

....

2) Welche der folgenden Vor- und Nachteile, die eine Kooperation für ein Unternehmen mit sich bringen kann, würden Sie für besonders gewichtig halten?

Nachteile:

( ) Einbuße an eigener Handlungsfähigkeit

( ) Einbuße an eigenen Marktbeziehungen

( ) Hergabe von eigenen Erfahrungen und "Know-how"

( ) Gefahr der einseitigen Ausnutzung durch die Partner der Kooperation

( ) Sonstige, und zwar:

....

Vorteile:

( ) Steigerung der Produktivität des Unternehmens

( ) Stärkung der Marktposition gegenüber Abnehmern

( ) Stärkung der Marktposition gegenüber Lieferanten

( ) Verbesserung von technischem und ökonomischem Wissen

( ) Sonstige, und zwar:

....

3) Wie ist Ihre Einstellung zur Kooperation? Würden Sie eine Kooperation für Ihr Unternehmen

( ) für sehr sinnvoll

( ) für sinnvoll

( ) für bedingt sinnvoll

( ) für nicht sinnvoll

halten?

4) Würden Sie eine Kooperation hauptsächlich

( ) als längerfristiges Vorgehen

( ) als Vorstufe für eine Fusion

ansehen?

5) Wie schätzen Sie die Kooperationsbereitschaft der Unternehmen Ihrer Branche ein?

( ) sehr groß

( ) groß

( ) mäßig

( ) gering

( ) sehr gering

6) Worin würden Ihrer Meinung nach die Hauptschwierigkeiten für die Verwirklichung einer Kooperation in der Praxis liegen?

( ) In der Durchsetzung des Kooperationsgedankens innerhalb des eigenen Unternehmens

( ) In der Suche geeigneter Kooperationspartner

( ) In der Festlegung der Kooperationsform

( ) In der Organisation der Kooperationsarbeit zwischen den Unternehmen

( ) Sonstige, und zwar:

....

FORSCHUNGSSTELLE FÜR ALLGEMEINE UND TEXTILE MARKTWIRTSCHAFT AN DER UNIVERSITÄT MÜNSTER

7) Hat Ihr Unternehmen bereits praktische Erfahrungen auf dem Gebiet der Kooperation sammeln können?

( ) nein

( ) ja

Wenn ja:
In welchem Unternehmensbereich?

....

In welcher Richtung?

( ) horizontal

( ) vertikal

Hat Ihr Unternehmen dabei überwiegend

( ) positive

( ) negative

Erfahrungen gesammelt?

8) Die folgenden Fragen dienen der statistischen Zuordnung. Sie brauchen nur in groben Zügen beantwortet zu werden.

a) Worin besteht das Produktionsprogramm Ihres Unternehmens?

b) Welche Verarbeitungsstufen umfaßt Ihr Unternehmen?

c) Zu welcher Größenklasse gehört Ihr Unternehmen?

( ) bis 99 Besch.

( ) 1oo - 199 Besch.

( ) 2oo - 299 Besch.

( ) 3oo - 399 Besch.

( ) 4oo - 499 Besch.

( ) über 5oo Besch.

FORSCHUNGSBERICHTE des Landes Nordrhein-Westfalen

[illegible]

WESTDEUTSCHER VERLAG

[illegible]

Made in the USA
Las Vegas, NV
11 November 2024

11546392R00122